Tucholsky   Wagner   Zola   Scott   Sydow   Schlegel
Turgenev   Wallace   Fonatne   Freud
Twain   Walther von der Vogelweide   Fouqué   Friedrich II. von Preußen
Weber   Freiligrath   Frey
Fechner   Fichte   Weiße Rose   von Fallersleben   Kant   Ernst   Frommel
Richthofen
Engels   Fielding   Hölderlin
Fehrs   Faber   Flaubert   Eichendorff   Tacitus   Dumas
Eliasberg   Ebner Eschenbach
Feuerbach   Maximilian I. von Habsburg   Fock   Eliot   Zweig
Ewald   Vergil
Goethe   Elisabeth von Österreich   London
Mendelssohn   Balzac   Shakespeare   Dostojewski   Ganghofer
Trackl   Lichtenberg   Rathenau   Doyle   Gjellerup
Stevenson   Hambruch
Mommsen   Tolstoi   Lenz   Hanrieder   Droste-Hülshoff
Thoma   von Arnim
Dach   Verne   Hägele   Hauff   Humboldt
Reuter   Rousseau   Hagen   Hauptmann   Gautier
Karrillon   Garschin   Baudelaire
Damaschke   Defoe   Hebbel
Descartes   Hegel   Kussmaul   Herder
Wolfram von Eschenbach   Schopenhauer
Darwin   Dickens   Rilke   George
Bronner   Melville   Grimm   Jerome
Campe   Horváth   Aristoteles   Bebel   Proust
Bismarck   Vigny   Barlach   Voltaire   Federer   Herodot
Gengenbach   Heine
Storm   Casanova   Lessing   Tersteegen   Gilm   Grillparzer   Georgy
Chamberlain   Langbein   Gryphius
Brentano   Lafontaine
Strachwitz   Claudius   Schiller   Kralik   Iffland   Sokrates
Katharina II. von Rußland   Bellamy   Schilling
Gerstäcker   Raabe   Gibbon   Tschechow
Löns   Hesse   Hoffmann   Gogol   Wilde   Vulpius
Luther   Heym   Hofmannsthal   Gleim
Klee   Hölty   Morgenstern
Roth   Heyse   Klopstock   Goedicke
Luxemburg   Puschkin   Homer   Kleist
La Roche   Horaz   Mörike
Machiavelli   Musil
Navarra   Aurel   Musset   Kierkegaard   Kraft   Kraus
Lamprecht   Kind   Kirchhoff   Hugo   Moltke
Nestroy   Marie de France
Laotse   Ipsen   Liebknecht
Nietzsche   Nansen
Marx   Lassalle   Gorki   Klett   Ringelnatz
von Ossietzky   Leibniz
May   vom Stein   Lawrence   Irving
Petalozzi   Platon   Knigge
Sachs   Pückler   Michelangelo   Kafka
Poe   Liebermann   Kock
de Sade   Praetorius   Mistral   Zetkin   Korolenko

Der Verlag tredition aus Hamburg veröffentlicht in der Reihe **TREDITION CLASSICS** Werke aus mehr als zwei Jahrtausenden. Diese waren zu einem Großteil vergriffen oder nur noch antiquarisch erhältlich.

Symbolfigur für **TREDITION CLASSICS** ist Johannes Gutenberg (1400 — 1468), der Erfinder des Buchdrucks mit Metalllettern und der Druckerpresse.

Mit der Buchreihe **TREDITION CLASSICS** verfolgt tredition das Ziel, tausende Klassiker der Weltliteratur verschiedener Sprachen wieder als gedruckte Bücher aufzulegen – und das weltweit!

Die Buchreihe dient zur Bewahrung der Literatur und Förderung der Kultur. Sie trägt so dazu bei, dass viele tausend Werke nicht in Vergessenheit geraten.

Indische Liebeslyrik

Friedrich Rückert

Impressum

Autor: Friedrich Rückert
Übersetzung: Friedrich Rückert
Umschlagkonzept: toepferschumann, Berlin

Verlag: tradition GmbH, Hamburg
ISBN: 978-3-8424-9293-6
Printed in Germany

Indische Liebeslyrik

in deutscher Sprache nachgebildet von

Friedrich Rückert

Zur Aussprache der indischen Wörter

Die Vokale â, î, û sowie e, o, ai, au sind stets lang. Die Konsonanten werden wie im Englischen gesprochen, also c wie deutsches »tsch« (Pancabâna sprich Pantschabâna) j wie deutsches »dsch« (Jayadeva sprich Dschajadeva) s wie deutsches »ss« (Kansa sprich Kangssa) sh wie deutsches »sch« (Shiva sprich Schiwa) v wie deutsches »w« (Veda sprich Weda) y wie deutsches »j« (Yamunâ sprich Jamunâ)

Das h im indischen bh, ch, dh, gh, jh, kh, ph, th, ist als ein deutlich hörbarer Laut zu sprechen (Buddha sprich »Buddha«). Die Betonung richtet sich nach der Quantität der Vokale. Der Ton wird so weit als möglich zurückgezogen, und zwar bis zur drittletzten Silbe, wenn die vorletzte kurz ist (Amaru, Késhava, Narâyana, Mánmatha); ist die vorletzte Silbe von Natur oder durch Position, d.h. durch folgende Doppelkonsonanz lang, so trägt sie den Ton (Kâlidâsa, Jayadéva, Govïnda).

1. Kâlidâsa

Aja und Indumatî

Eine idyllische Romanze

(Aus Kâlidâsa's »Raghu-vansha«)

König Aja (sprich: Adscha) von Ayodhyâ, Raghu's Sohn, ist glücklich vermählt mit Indumatî, der Königstochter von Vidarbha. Die wunderbare Art, wie er sie verliert and betrauert, schildert die Romanze.

Eines Tags, gedenkend seines Volkes,
Ging lustwandelnd der beglückte Vater
Mit der Gattin in den offnen Gärten,
Wie in seinem Paradies Gott *Indra*.

Doch, um dem am Südmeer in Gokarna
Eingekehrten Shiva auf der Laute
Vorzuspielen, eilte durch die Lüfte
Nârada im Sonnenpfad von Norden.

Den um's Haupt des Saitenspiels geschlungnen
Kranz, geflochten aus unird'schen Blumen,
Raubte, sagte man, ihm der ungestüme
Wind, der gleichsam sie durchduften wollte.

Alles, was die Jahrszeit an Gewächsen
Bot, mit Seimgeruchfüll' überbietend,
Nahm der Himmelskranz den schönen Platz ein
Auf der Königsliebsten Busenschwellung.

Einen Augenblick den holden Brüsten
Sah sie ihn gesellt nur, und ohnmächtig
Schloß des Edlen Gattin ihre Augen,
Wie bei Mondverfinstrung die Nymphäe.

Mit dem sinnverlassnen Leibe niederfallend,
zog sie mit zum Fall den Gatten.
Nicht so? mit des Tropfen Öls Verschüttung
Kommt zu Boden auch die Lampenflamme.

Vom Gefolg der beiden mit verworrnen
Weherufen aufgescheuchte Vögel,
Nistende in Lotosbüschen, schrieen
Dort nun, wie vom gleichen Schmerz betroffen.

Fächlung und dergleichen hob des Fürsten
Sinnumnachtung, aber sie blieb liegen;
Denn nur da kann Rettungsanstalt frommen,
Wo vom Leben übrig ist ein Funken.

Einer Laute, welche man von neuem
Will beziehn, glich die entseelte Schöne,
Die der ganz von Zärtlichkeit durchdrung'ne
Hielt umfassend im gewohnten Schoße.

Und er klagte laut in Tränen schluchzend,
Angestammte Festigkeit vergessend;
Selbst geglühtes Eisen muß ja schmelzen,
Was soll man von Menschenseelen sagen!

»Ach, wenn Blumen selber durch Berührung
Eines Leibs das Leben rauben können:
Was wird nicht zum Todeswerkzeug werden
In der Hand des feindlichen Geschickes!

»Oder ja, zu fällen sanftes Wesen,
Brauchet Sanftes nur der Lebensender;
Dessen Beispiel sah ich eine Lilie
Jüngst an Reifbeträufelung verscheiden.

»Oder ja, um meines Unglücks willen
Ward von Gott gebildet dieser Blitzstrahl,
Daß von ihm nicht ward der Baum zerschmettert,
Nur die Ranke, die an ihn sich schmiegte.

»Die du, selber wo ich dich gekränket,
Lange Zeit auf mich nicht zürnen mochtest:
Wie auf einmal mich nun, den Unschuld'gen,
Achtest du nicht würdig anzureden?

»Lächelklare! wohl für einen Unhold,
Einen falschen Freund mußt du mich halten,
Daß du auf Niewiederkehr zur andern
Welt von hier gingst, sonder Abschiednahme!

»Hatt' es doch, Geliebte, dich begleitet,
Was ist's ohne dich zurückzukommen?
Tragen mag es nun, mein übles Leben,
All' die Qualen, die es selbst verschuldet!

»Hier auf deiner Wange steht des Schweißes
Perle noch, erzeugt von Liebeslustkampf,
Und du selber bist in dir zergangen;
O Hinfälligkeit der Leibbegabten!

»Deine blumdurchflochtenen, gekrausten,
Bienenschwärme gleichen Locken regend,
Täuscht, o Zartgegliederte, der Windhauch
Mein Gemüt mit deiner Umkehr Hoffnung.

»Liebste! möchtest du durch dein Erwachen
Also meinen Kummer schnell zerstreuen,
Wie durch ihren Glanz bei Nacht die Pflanze
Im Geklüft Himâlayas das Dunkel!

»Aber mich betrübt dein haarumflossnes
Angesicht mit dem verstummten Munde,
Gleich dem nächtlich eingeschlafnen Lotos,
Wenn in ihm nicht mehr die Biene summet.

»Die sogar ein Bett aus frischen Blumen
Mag verletzen, deine zarten Glieder,
Sage, wie sie es ertragen sollen,
Holder Leib, den Holzstoß zu besteigen!

»O, zum Nichterwachen eingeschlafen,
Deines Leibs Vertrautester, dein Gürtel,
Tonlos, weil dein reger Gang nun ruhet,
Dir aus Kummer scheint er nachgestorben.

»Deinen sanften Laut in Kuckucksweibchen,
Deinen trunken matten Gang in Schwanen,
Deinen schwanken Blick in Rehen, deine
Flatterung in windbewegten Ranken.

»Diese Eigenschaften hinterlegtest
Du, beim Himmelsfluge mich bedenkend;
Aber nicht mein Herz, von deiner Trennung
Kummerschwer, vermögen sie zu stützen.

»Wenn von deiner Anmut nun befruchtet,
Der *Ashoka*baum wird Blüten bringen,
Dir bestimmt zum Lockenschmuck, wie soll ich
Dir zur Grabbekränzung sie verwenden?

»Aus Vakulablumen, welche duften
Wie dein Odem, eine Scherzkett' hast du
Halb mit mir geschlungen, nicht vollendet,
Und nun, Himmelssängerkehle, schläfst du!

»Freundinnen, die Lust und Leiden teilen,
Und ein Sohn, dem Mond im Wachsen ähnlich,
Und ich selbst dir einzig hold, und gleichwohl
Fest beharrest du bei deinem Vorsatz

»Unterging Genuß, dahin Vergnügen,
Der Gesang verstummt, der Lenz ist festlos,
Und des Schmuckes Anlaß ist benommen,
Einsam nun geworden ist mein Lager.

»Weib, geheimer Rat, vertraute Freundin,
Liebe Schülerin in süßer Tonkunst,
Mir geraubt vom mitleidlosen Tode,
Du, o sage, was mir nicht geraubt sei!

»Trunkenaugige, die du einst trankest
Süßen Saft von meinem Munde, wie nun
Sollst du trinken meine tränentrübe
Dir ins Jenseits nachgereichte Spendflut!

»Blieb die Königsmacht auch, da du fehlest,
Nur soweit sei Aja's Lust gerechnet:
Ungereizt von anderen Begierden,
Ist in dir beschlossen mein Verlangen.«

Kosala's Gebieter, also klagend
Leidgefügte Weisen um die Liebste,
Machte rings die Bäume des Gefildes
Von den Zweigen Harzflußtränen regnend.

Endlich die aus seinem Schoß gerissne
Holde Gattin ward von den Begleitern
Angetan mit Totenschmuck, gegeben
Sandelaloegenährtem Feuer.

»Einem Weibe starb er nach aus Kummer,
Er, ein Fürst!« erwägend solchen Leumund,
Deshalb nur nicht opfert' er der Glut sich
Mit der Kön'gin, nicht aus Lust am Leben.

Und so zog er ohne sie zur Stadt ein,
Gleich dem Monde, den die Nacht verlassen,
Seines Kummers Überströmung schauend
In betränter Städterinnen Augen.

Doch sein Lehrer, der in heil'ger Weihe
Hütete die Siedelei, da kund ihm
Durch Eingebung ward der Schmerz des Königs,
Sendet, ihn zu trösten, einen Schüler:

»Weil den Muni fromme Bräuche halten,
Obgleich deines Kummers Anlaß kennend,
Ist er selber nicht zu dir gekommen,
Der Aufrechte, um dich aufzurichten.

»Doch, o Trefflicher, du triffst in meinem
Munde seinen Gruß geschwinden Rates,
Du, des' Ruhm die Welt vernahm, vernimm ihn,
Und im Herzen mögest du ihn wahren.

»Denn in dem Gebiet des unerschaffnen
Höchsten Geistes sieht mit ungehemmtem
Auge der Erkenntnis das Gedritt er,
Das Gewesne, Seiende und Künft'ge.

»Einst, so heißt es, über Trinavindus
Schwere Büßung in Besorgnis schwebend,
Sendete zur Störung seiner Andacht
Hari Harinî'n, die Götterschöne.

»Er mit Zornglut der gehemmten Buße
Das Gestad des Gleichmuts überwogend,
Fluchte der vor seinem Blick liebreizend
Gaukelnden: Zum Menschenweibe werde!«

»Heil'ger Mann! ich diene fremdem Willen:
Die getane Ungebühr verzeihe!«
Die so Fleh'nde bannt' er doch zur Erde,
Bis sie würde Götterblumen schauen.

»Sie nun ward, geboren im Geschlechte
Krathakaishika's, zu deiner Gattin,
Und sie blieb es, bis ihr fiel vom Himmel,
Unverlangt, was jenen Fluch beendigt.

»G'nug des Grames nun um ihr Entschwinden!
Untergehn muß alles Aufgegangne.
Richte deinen Blick auf diese Erde,
Denn die Erde ist des Fürsten Gattin.

»Der du, Übermut im Glück vermeidend,
Weisheit einst mit festem Sinn entfaltet,
Mögest du, da dein Gemüt ein Leid traf,
Mit Unweichlichkeit auch jetzt sie zeigen!

»Kummerfreien Sinns erfreue deine
Hausgenossin mit den Totengaben;
Denn der Angehör'gen stetes Weinen
Brennt den Hingeschiednen, also lehrt man.

»Edler Selbstbeherrscher, nicht in Herrschaft
Der Betrübnis falle, gleich Gemeinen!
Was ist Unterschied von Berg und Bäumen,
Wenn sie beid' im Winde wollen schwanken?« –

»Gut, so sei es!« Also nahm er an das Wort
Seines Lehrers, und ließ ziehn den Boten;
Doch, nicht findend Raum in kummervoller Brust,
Zog auch es zum Meister gleichsam wieder.

Acht Jahre bracht' er hin mit Not getreulich
Und freundlich, um des jungen Sohnes willen,
Mit Schau'n von Ebenbildern seiner Liebsten,
Und flüchtiger Vereinungslust in Träumen.

Der Keil des Kummers aber spaltet' unversehns
Sein Herz, wie eines Hauses Wand ein Feigensproß;
Annahm er dieses, Ärzten unheilbare, Weh
Für Heil, aus Sehnsucht, seiner Gattin nachzugehn.

Als wohlerzogen, waffentragend, seinen Sohn
Zur Hut der Völker brauchgemäß er eingesetzt,
Des kranken Leibes üble Wohnung räumete
Der Fürst, sich unterziehend freiem Hungertod.

Wo am heil'gen Wallfahrtort sich Sarayû und Gangâ
Mischen, ließ er seinen Leib, und trat im Götterchor ein,
Und vereint mit seiner Liebsten, reizender als jemals,
Spielet er in Wonnehäusern, Paradiesesräumen.

Der Wonne Wehklage

Rati (»Wonne«), die Gattin des von Shiva mit dem Feuer seines Zornes verbrannten Liebesgottes Kâma, klagt um ihren Gemahl.

Sie, die bewußtlos lag, die Gattin Kâmas,
Ward vom Geschick geweckt,
Das ihr die Schmerzempfindung geben wollte
Der neuen Witwenschaft.

Die aus der Ohnmacht aufgegangnen Augen
Ließ sie umher nun spähn
Und wußte nicht, daß ihnen sei auf ewig
Des Liebsten Blick geraubt.

»O Herr des Lebens, lebst du?« also rief sie,
Stand auf und sah vor sich
In Mannsgestalt am Boden von des Gottes
Zornfeuer Asche nur.

Hin sank sie wieder, mit der Erd' Umarmung
Bestaubend ihre Brust,
Und klagt', ihr Haar zerraufend, ihre Schmerzen
Mitteilend dem Gefild:

»Dein Bild, das der Verliebten höchstes Gleichnis
Durch seine Schönheit war,
Ist so zerstört, und ich bin ganz geblieben?
Hart ist ein Frauenherz!

Mich, deren Leben hängt an dir, verlassend
Mit schnell getrenntem Bund,
Wie mit gesprengtem Damm verläßt Nymphäen
Ein Teich, wo flohst du hin?

Unliebes tatest du mir nie, und niemals
Tat ich zuwider dir;

Was ohne Grund entziehst du deinen Anblick
Der Wonne, die nun klagt?

Gedenkst du das mir, daß zur Leichtsinnstraf' ich
Mit meinem Gurt dich band?
Daß dir von Blumen, die ich trug im Ohre,
Ins Aug' ein Stäubchen fiel?

Was lieb du sprachst, du wohnest mir im Herzen,
Erkenn ich nun als falsch;
War es nicht Schmeichelei, wie wärst du leiblos,
Und heil die Wonne hier?

Ich will, o Wanderer, in andre Räume
Einschlagen deinen Weg;
Die Welt hier ist vom Glück getäuscht, denn du bist
Die Lust der Lebenden.

Wann Finsternis der Nacht liegt auf den Straßen
Der Stadt, und Donner rollt,
Wer außer dir soll zu geliebter Wohnung
Leiten der Liebe Tritt?

Entflammter Augen Funkeldrohen, der Wörtchen
Gebrochne Stammelung
Von schönen Fraun ist, wo du flohst, geworden
Ein leeres Gaukelspiel.

Hört er, daß du ein Märchen wardst, verliert
Den Mut dein Freund, der Lenz;
O Leiblos! auch der Mond, der wachsen sollte,
Wagt zuzunehmen kaum.

Mit bräunlich grünem Schaft geschmückt, besungen
Vom Ruf des Kokila,
Wem soll, o sprich, der Mangoschoß zum Pfeile
Zu dienen wachsen nun?

Die Bienenreihe, die du oft zur Sehne
Des Bogens hast gemacht,
Mit dumpfem Schwirren gleichsam klagt sie jetzt mir
Der Tiefbetrübten nach.

Nimm wieder deinen holden Leib und lehre,
Indem du dich erhebst,
Die Liebesbotin Nachtigall zu werben
Den süßen Gruß an mich!

Der zitternden Umarmungen mit Sinken
Des Hauptes im Genuß
Mit dir, gedenk ich heimlich, o Gedenker,
Und meine Ruh ist hin.

Noch hält, den du um meine Glieder schlangest,
O Wonnekundiger,
Mit eigner Hand, der Jahresblumenschmuck, und
Dein schöner Leib ist hin!

Du von grausamen Göttern abgerufen
Inmitten des Geschäfts:
Hier meinem linken Fuße sind die Farben
Noch anzulegen, komm!

Ich will auf Schmetterlingswegen kommend
Dir wieder ruhn im Schoß,
Eh du von artigen Götterfraun im Himmel,
O Freund, mir wirst verführt.

›Getrennt von ihrem Gatten, hat die Wonne
Ein Stündchen noch gelebt,‹
Das wird ein Schimpf beständig hier mir bleiben,
Auch wann ich folgte dir.

Wie soll die letzten Ehren ich erweisen
Dem Hingeschiedenen,
Da du mir bist verschwunden mit dem Leben
Und mit dem Leib zugleich?

Nun denk ich, wie im Schoß den Bogen haltend
Du schnitzend an dem Pfeil,
Sprachst lächelnd mit dem Lenz und aus dem Winkel
Des Augs ihn schieltest an;

Wo ist der Busenfreund, der deinem Bogen
Die Blumen gab, der Mai?
Es hat doch Shiva's grimmer Zorn nicht auch ihn
Dem Freunde nachgesandt?«

Von ihren Klagen, wie von giftgesalbten
Geschossen herzenswund,
Trat nun, zu trösten die betrübte Wonne,
Sichtbar der Mai heran.

Ihn schauend weinte sie erst recht, indem sie
Des Busens Fülle schlug;
Wohl tritt in Freundesgegenwart der Schmerz wie
Aus offnem Tor hervor.

So sprach die Schmerzenreiche:»Sieh, was übrig,
O Frühling, ist vom Freund!
Verweht vom Winde wird dies Aschenhäufchen,
Schillernd wie Taubenhals.

O zeige dich, Gedenker, doch! es steht hier
Der sehnsuchtsvolle Lenz;
Bleibt Männersinn, den Frauen unbeständig,
Doch wohl den Freunden treu.

Durch sein Geleit war Untertan der Götter
Und der Dämonen Reich
Einst deinem lotosbastbesehnten Bogen
Mit weichem Blumenpfeil.

Der Freund, einmal gegangen, kehrt nicht wieder,
Erloschner Lampe gleich;
Ich bin der Docht von ihr: sieh, wie der Kummer
Unleidlich mich umqualmt.

Das Schicksal tat nur halb sein Werk, das leben
Mich ließ bei seinem Tod.
Wenn Elefant den Baum brach, der sie trug, muß
Die Ranke fallen auch.

Drum ohn' Aufschub sei von dir, o Edler,
Das Freundeswerk getan:
Mit Flammenspende förder' mich verlassen
Zu meinem Gatten hin.

Nachtlilie geht mit dem Mond, es schwindet
Der Blitz mit dem Gewölk;
Das Weib geht ihrem Gatten nach, das weiß auch
Die leblose Natur.

Die Brüste will ich färben mit der Asche
Des holden Leibes hier,
Und wie auf jungen Laubes Bett die Glieder
Strecken auf Feuersglut.

Du hast so oft, o Schöner, mit uns beiden
Auf Blumenpfühl geruht;
Nun schichte schnell den Holzstoß mir! fußfällig,
Handfaltend bitt ich dich.

Die Flammen dann, die mich umfassen, rege
Mit Südwindhauchen an!
Du weißt, daß Kâma keinen Augenblick ja
Kann ohne Wonne sein!

Ist das getan, dann gieß uns beiden eine
Schale voll Wasser aus,
Die ungeteilt mit mir zugleich dort oben
Genießen soll der Freund;

Und bei dem Totenopfer weih', o Frühling,
Das schwankende Gesproß
Des Mangezweigs dem Freund, weil er vor allen
Die Âmrablüte liebt.«

Sie sprach's, bereit zu sterben, als aus Lüften
So eine Stimme scholl,
Die sie belebte, wie der erste Regen
Den Fisch im trocknen Teich:

»Gattin des Blumenwaffnigen! nicht lange
Bleibt unerlangbar dir
Der Gatte, der nun ward zum Schmetterlinge
In Shivas Augenglut.

Wann Shiva freit, von ihrer strengen Tugend
Gerührt, die Pârvatî,
Gibt sein erfreuter Sinn dem Liebesgotte
Auch seinen Leib zurück.

Darum behalt', o Schöne, zur Vereinung
Des Gatten deinen Leib!
Der sonnenbrandgetrunkne Bach kommt wieder
Bei Sommers End' in Fluß.«

Der unsichtbare Ruf macht' etwas wanken
Der Wonne Todsentschluß;
Und darauf fußend, tröstete der Freund sie
Mit angemessnem Wort.

Doch Kâmas Gattin, gramgenaget, harrte
Des Ausgangs ihrer Not,
Als wie des Abends harrt am Tageshimmel
Der bleiche Sichelmond.

König Nala's Frühlingshofhalt

(Aus dem »Nalodaya«.)

So ward nun einzige Lust zuteil
    In seinem Hause Nala dem Erkämpfer
Des einzigen geliebten Weibs,
    Dem herrlichen Feindübermutesdämpfer.

Als ein Kraftmeer strahlt der König,
    Und sie schimmert wonnefeucht;
Und der Frühling kranichtönig
    Zieht nun auf mit Lustgeleucht.

Die wie vor Scham am Grund sich barg,
    Die Wasserlilie richtet auf der Morgen
Mit reisährblanker Strahlenhand,
    Darum sind nun die Bienen ohne Sorgen.

Das Gefilde vom Krächzen der Kraniche tönt,
    Da bekrönt sich mit Grün der Geranienstrauch;
Das Gewässer, von reinen Nymphäen verschönt,
    Zu bezaubern, o wen denn vermag es nicht auch?

Aus Winterschnee-Eismassen brach
    Hervor die übermächtige Macht der Sonne;
Vor ihr und vor'm Glutschlangenpfeil
    Des Kâma flieht der Held ins Haus der Wonne.

Von Kâmas Nadel, die das Herz
    Der Welt durchbohrt, brach auf die Campakblüte;
Sie hegte solche Pein, wie hegt
    Getrennter Gatten sehnendes Gemüte.

Am dünn und hochbelaubten Zweig
    Quoll die Palâshablüte blutgerötet,
Dem Fleische gleich des Wandrers, den
    Voll Gier der schnöde Dämon Kâma tötet.

Brunstschrei heben, von des Lenzes Kraft durchgoren,
  Jetzt die mächtigen Elefanten;
  Ihre Zähne, Mondsicheln gleich, durchbohren
  Jeden jetzt vom Weib verbannten.

Wer einem holden Weibe nun
  Schmerzbringend, seine eigne Lust verstöret,
  Verzweifelt, wenn wie Vorwürf' er
  Im Blütenstrauch die Bienen summen höret.

Nun zu Kâmas Kampfplatz schmückt sich
  Das Gefild, wo Kranich tönt;
  Seiner hohen Herrschaft bückt sich
  Alles, was nach Liebe stöhnt.

»Vom Frühling angeregt, wie kann
  Ein Mann, der liebt, nun leben fern vom Weibe?«
  Denkt eine Schön' und nippet Wein;
  Was tut man nicht, daß man den Gram vertreibe!

Wo den Liebsten nun die Schöne
  Spröde meidet, horch, ihr grollt
  Kokila, der seine Töne
  Liebeszornig gurgelnd rollt.

Der kühle Mond strahlt Glanz und Reif,
  Das Lied des Kokila macht Âmras reifen.
  Trägt nicht der Pfau im Tanz den Schweif?
  Und läßt er rings nicht seine Rufe schweifen?

Wer trägt zur Zeit, wo Mangos blühn,
  Der Trennung Schmerz? und welches Weib geden-
ket
  Beim lieben Freund des Wörtleins nun,
  Das an mit »Ha« hebt und mit »der« sich senket?

In Kâmas Dienste schwärmt von Baum
  Zu Baum ein Schwarm liebschwärmerischer Im-
men,

Nippt Süßes und gibt süßen Ton,
Davon des Lenzes Süßen frisch erglimmen.

Zu seinem stolzen Herzgespiel
Sucht nun den Weg ein Liebender, verwirrt
Vom Frühlingshimmel, der umwölkt
Vom regen Bienenschwarmgewimmel schwirrt.

Wer irgend nun gehet vom Hause der Braut,
Und hat nicht ein stilles Verlangen gestillt;
Es wird ihm, von grauser Umnachtung umgraut,
Begegnen ein Gegner, der Tod, der ihm gilt.

Die Törin, die statt zu dem Freunde zu gehn,
Nun schmollend beim Flechten von Kränzen ver-
weilt,
Wird, von ihm geschieden, bestrafet sich sehn,
Mit Reueverstummung vom Himmel ereilt.

»Weit schaust du mit blühenden Augen im Raum,
O Baum auf der Höh', den kein Kummer befiel!
Erblickst du den Liebsten, so sag' ihm, o Baum:
Hier spielet im blühenden Lenz dein Gespiel.«

So zum Baume tretend sprach sie,
Der zurück ihr gab kein Wort;
Nur der Liebe Schlange stach sie,
Nicht den Liebsten fand sie dort.

Welch reizend Weib erträgt den Gott,
Der Blumenpfeile schießt und wohnt in Herzen?
Am Tage, wo den Frühling fühlt
Die Bien' und summet ihre Liebesschmerzen!

Er, dessen Feinde Toren sind,
Fürst Nala, frauenliebeslustgegattet,
Vom Liebesgott gekettet, geht
Zum Garten, von Mandâren überschattet.

Ihm, dem ruhmreich hochgewichtigen,
Lacht die Gattin mild und rein,
Ihm, dem mondgleich-angesichtigen
Im gleichparadiesigen Hain.

»O kehr hierher den hellen Blick!«
So ruft den gartenwallenden Frau'ngestalten
Je Freund und Freund, den spangenreich
Geschmückten, deren Fülle schwoll in Falten.

Dort die gekränkte Stolze will
Nicht gehn in blütenbaumbewachsnen Gründen;
Jedoch für reiche Blumenspend'
Empfängt der Freund Vergebung seiner Sünden.

Eine Vermittlerin spricht:

»Gepriesene Schönheit, o Kind, dir sei kund,
Wie zehrend dein leichterer Zorn auf ihm liegt.
Soll hier sein verbleichender blühender Mund
Verhauchen den Geist, dir zu Füßen geschmiegt?

»O komm, eh des Frühlings fröhliche Frucht
Die Frische verlieret, o komme du jetzt
Zum Garten, und Köstliches kost' auf der Flucht!
Im Lenze zuletzt sich zu letzen, verletzt.«

Der listigen Lockerin lauschte mit Lust,
Die Stirn vom gelösten Gelocke geschwärzt,
Das Mädchen, und suchte mit klopfender Brust
Den Freund, der nun fröhlich im Grünen sie herzt.

»Am Rande des Weihers still und hell,
Mit Blütensaugern und mit ruhenden Kran'chen,
Was soll dein Stolz?« – so zog sein Freund
Die Liebste nach mit Schmeichelwörtchen man-
chen.

Am Baume stand ein andres Weib
    Und wollte pflücken seine roten Blüten;
    Die roten Blüten wurden blaß,
    Als ihres Lächelns weiße Lichter sprühten.

Zum Bassin tritt eine Schlanke,
    Das des Baumes Fuß benetzt;
    Selbst wie eine Schlingblütranke
    Schlingt sie um den Baum sich jetzt.

Vom Wuchs der Rankgewächs' umrankt,
    Ward lange nicht vom Freund erkannt die Schöne,
    Bis sie verriet der Freundinnen
    Gelächter und der Bienen Lustgetöne.

Zur Heilung ihres kranken Aug's,
    Das Blütenstaub getrübt im Aufwärtsblicken,
    Stellt eine nah vor'm Freund sich hin,
    Mit Antlitzstreifung schlau ihn zu bestricken.

Zwar schuldbewußt weiß jener sich
    Der Unschuld Schein durch Redekunst zu geben;
    Und sie, die Gute, zürnet ihm
    Nicht länger, den sie liebt als wie ihr Leben.

Ein andrer macht von Schuld sich frei,
    Da er in Staunen wandelt das Erboßen
    Der Schönen, wie er so gewandt
    Den Frühlingswald beschreibt ohn' anzustoßen.

Von der stolzen Glanzgeschmückten,
    Die er ewig lieben muß,
    Wird zuteil dem Hingebückten
    Auf das Haupt der Tritt vom Fuß.

Fraun, die schönstes Haus bewohnen,
    Lockt es nun zur Flur hinaus,
    Wo hoch in Tamâlakronen
    Weht Malayalüftesaus.

Die Männer frohlustwandelnd so
      Mit jenen durch des Haines Blütenprangen,
      Nun mit den Schönen kamen sie
      Zum lotosüberblühten Teich gegangen.

»Was gehst du hin zum Teich, o du
      Mein Himmelshulden-Nektarmeer-Gestade!«
      Rief Nala, der verliebte Fürst,
      Und folgt zum Teiche Damayantis Pfade.

Des Edlen Sinn gefangen nahm
      Der reine Glanz am ungetrübten Weiher,
      Dazu die laute Wasserschar,
      Schwan, Möwe, Kranich, Pelikan und Reiher.

»Was ist da für Gefahr am Rand
      Der schmalen leicht bewegten Flut zu kosen?
      Was zittern scheue Kinder so
      Zu nah'n dem Wasser hier dem walfischlosen?'

Weggeflogen ist die Biene
      Vom Nymphäen-Düftestaub
      Weil sie blühende Frauenmiene
      Lüstern macht nach süßerem Raub.

Vom Nalafrauenchorgeleit
      Dem lusterglühten, spielend umgewendet,
      Hat mancher stille Lotosbusch
      Verstörtes Bienensummen ausgesendet.

Eingetaucht im Flutenglanze,
      Überfällt die zarten Frau'n
      Vor des Sees vom Lotostanze
      Angeregter Well' ein Graun.

Alsdann aus schaumbekrönter Flut,
      Wie Göttinnen aus sternbekränztem Himmel,
      Aus kranichlautdurchtönter Flut
      Ans Ufer stieg das weibliche Gewimmel.

In der Reize Fülle schwankend,
    Alle Bienen lockend nach,
    Hell wie Abendsonne wankend,
    Suchen sie das Wohngemach.

»Gib Lieb', eh' Liebe stirbt mit mir!
    Krank macht mich Lieb' am Leben und am Leibe!«
    So trat ins liebgeweihte Haus,
    Ins himmelgleiche, Nala mit dem Weibe.

Die Sonne war zum Abendrot
    Gelangt, dem Lotos war sein Glanz entwichen;
    Zur Diebin ward sie offenbar
    An ihm, den ihre Strahlenhand beschlichen.

All von wannen, all von wannen
    Wonn'ges Sonngefunkel wich,
    All von dannen, all von dannen
    Dehnte düstres Dunkel sich.

Nun hat den Sonnenuntergang
    Gebracht der Abend, Vogelsang verbreitend,
    Den Himmel wie ein Baldachin
    Bestirnend, und den Herden Ruh bereitend.

Nun erglänzt die Luft vom Strahle
    Dessen, der dem Meer entsteigt,
    Und sich gleich der Silberschale
    Zum Spendeopfer Kâma's zeigt.

Ihm, der mit dunkeln Flecken schmückt
    Sein Antlitz – welches Weib, vom Freund getren-
net,
    Vermag ihn anzusehn, den Mond,
    Der Nacht für Nacht verliebte Wandrer brennet?

Nun die Welt mit Glanz bedeckend,
    Träufelnd nachtgekühlten Tau,

Weiße Wasserlilien weckend,
Wacht der Mondschein auf der Au.

Wie mit Kunst die Männer werben
Flehentlich um Frauengunst,
Durch Erniedrungen erwerben
Sie Erwiderungen der Brunst.

Die in Liebesflammen ächzten,
Alle nun mit Scherzetausch,
Wie nach Amrit Götter lechzten,
Lechzen sie nach Trank und Rausch.

Spröde weich, die Weichen machte
Spröde das genossne Naß;
Neuen Liebesglanz entfachte
Den verwirrten Scharen das.

Vom süßen, bien'umschwärmten Saft,
Der Kraft hat, jeden Liebanstoß zu glätten,
Genetzt nun und geletzt entrafft
Die eil'ge Schar sich zu gewölbten Betten.

Lose Freundeshände lösen
Unter mancher Nagelspur,
Lässiges Frau'ngewand und bloßen
Lustvollschwellende Lendenflur.

Den Schönen, deren Schönheitsruhm
Im meerumschäumten Erdenrund erschollen,
Den jungen Frau'n und Jünglingen
Ist volle Lust bei Kâma's Fest entquollen.

Als wie im Tanz, mit Wonnausruf,
Schwoll hier die Fülle lustbewegter Glieder;
Auf Freundesbrust klang Frauenspang'
Und floß des Haar's gelöster Perlstrang nieder.

Aber ihr, der falschelosen,
    Sich in Wonne wiegenden,
    Weihte Nala minn'ges Kosen,
    Ihr, der Shrî-besiegenden.

Sie, ohne Sorgen, ohne Trug,
    Begehrte sittig Nalas Lustbegehren;
    Er, ihrem Willen willig, war
    Bestrebt ihr hohes Freudenspiel zu mehren.

So lebte, bis die Kali-Macht
    Ihn traf mit unheilschweren Truggewalten,
    Der König froh in Glückes Kraft
    Der reichen Schätze seines Reichs zu walten.

Hoher Herrschaft Hort und Hüter,
    Durch der Gattin Wahl beglückt,
    Thront er wie der Gott der Güter,
    Wie Kuvera, glanzgeschmückt.

2. Bhâravî

(Aus dem »Kirâtârjunîya«)

Reis und Wasserlilie

Der breitgerispete, durch Reifheit seiner Frucht
Zur Rötlichkeit gelangte Halm vom Reise
Neigt sich zu der dem Wasserfeld entblühenden
Nymphä' und küßt die dunkle, duft'ge leise.

Gefärbt von Wasserlilien-Staubfädenglanz,
Von Lotosblätterschimmer überflogen,
Die Flut, gerötet von des Reises Ährenwuchs,
Scheint ein entflohnes Stück vom Regenbogen.

Von der verachtungsvollen Wasserlilie
Verschmäht, wiewohl vor ihr sein Haupt vernei-
gend,
Gelangt der Reis hier, dorrend mitten in der Flut,
Zur Bleichheit, sich als liebverbrannter zeigend.

Nymphäentanz

Vom sanften Wind bewegt, ist fröhlich
Hier ein Nymphäentanz zu schauen,
In Wassern, die sich leise furchen,
Wie muntrer Frauen Augenbrauen.

Liebesspiel

Der aus dem Auge mit Mundes Wind fürwahr
Ein Blütenstäubchen nicht zu bringen ist imstand,
Die Schöne stößt, von seinem Atem aufgeregt,
Ihn stürmisch mit des hochgeschwellten Busens
Rand.

Badeszene

Mit lotosbewegendem Fischgeschnalz,
    Mit Wellenschlag am reinen Gestade,
    Mit lauter Stimme von Möw' und Schwan
    Rief gleichsam der Strom die Frau'n zum Bade.

Vom glutendämpfenden, Lotosduft-
    Verhauchenden, wehenden leis' und linde,
    Geboten ward, gleichsam den Schönen der Arm
    Vom wellenkranzumfangenden Winde.

Durchs erste Tauchen der muntern Schar,
    Die strebend schwellende Lenden stemmte,
    In Unruh kam die geteilte Flut,
    Die strandwärts ihre Kraniche schwemmte.

Durch der Gandharven felsige Brust,
    Und der Himmelsfrauen strotzende Brüste,
    Beschäumter Welle zum Ufer geführt,
    Wird bleich das Wasser, als ob sich's entrüste.

Abstreifend Sandelsalbe dem Leib,
    Frau'nlocken wirrend, und Kränz' entflitternd,
    Zu großer Vertraulichkeit schuldig, ward
    Das Wasser gleichsam vor Strafe zitternd.

Den vor der Nebenbuhlerin ihr
    Der Freund auf die schwellende Brust gedrücket,
    Sie läßt nicht los den zerwässerten Kranz;
    Nicht ist's ja der Stoff, was die Liebe beglücket.

Die glänzenden Ohrgehänge der Frau'n,
    Vom Wasser genommen, im Wellengeflüster
    Umtreibend, sind nun kläglich zu schau'n
    Wie ihrer Würden entsetzte Minister.

Mit abgespületen Schminken des Aug's
    Und der Lippe, die Frau'n, die doch entzücken,

Betrachtend, haben Gandharven erkannt,
Daß selber den Schmuck nur der Leib kann schmü-
cken.

Nie so verbrannt' er im vollsten Putz;
Gewählt um des Freundes Herz zu gewinnen,
Wie feucht nun verbrennt der schöne Leib
Die Augen der Nebenbuhlerinnen.

Im Wasserwirbel von Frauenhand
Geschlagen, ist Trommelgetön angebrochen,
Wozu im Takte bewegt aufführt
Herzraubende Tänze das Busenpochen.

Nymphäen verlachende, lächelnde
Frau'nangesichter im Wogenbilde
Belohnen schmückend den Strom dafür,
Daß er den Nymphen sich zeigte milde.

Vom schnalzenden Fisch an der Hüfte berührt,
Vor Schreck ausbreitend des Arm's Gezweige,
Ein Schauspiel bieten die Schönen dar
Den Freundinnen selbst, den Freunden geschweige.

Als wie aus Furcht vor dem Fisch in der Flut,
Hat eine Spröde den Freund umschlungen;
An Schönen gefällt ein verstelltes Tun,
Aus unverstellter Neigung entsprungen.

Durch ihre vom Untertauchen verwirrt
Ergossenen Locken verhüllt, erlangen
Fraun'angesichte den Schein von Nymphä'n,
An welchen Trauben von Bienen hangen.

Ausstreckend der Hände junges Gesproß
Im Wasser, eia! dem gar zu tiefen,
Ward Freundesumfahung der Stolzen zuteil,
Ohne daß sie Gespielen als frech beriefen.

Von Freunden mit Händen voll Wasser bespritzt,
    Indem sie nun dehnen die Brust mit Stöhnen,
    Und ringen die Hand mit Gebärdenspiel,
    Erreichten den Zweck die koketten Schönen.

Als der sonst spröde Freund nun galant
    Sich erweisend, eine spritzt' ins Gesicht,
    Stahl gleichsam mit blinzelnden Augen dies
    Der Nebenbuhl'rinnen Wangenlicht.

Entsalbetem Aug' hat der schmachtende Blick,
    Entschminketen Lippen das leise Leben,
    Der Stirne, des Stirnezeichens beraubt,
    Hat *Schmuck* die matte Falte gegeben.

Die augendrehende, zwickende Schar,
    Die mit dem Freund um die Wette tauchet,
    Mit zitternden Gliedern und atmender Brust, –
    Hat Mattheit, hat Anmut sie angehauchet?

Nach anderem Strand verliebte Vögel scheuchend,
    Verstörend friedliches Nymphä'ngeschlechte,
    Nun aus dem Bade stiegen sie mit blanken
    Halsketten, wie sternflimmerreiche Nächte.

Von Sandelduft gefärbt, bunt überstreuet
    Von Flittern und geborstner Perlenkette,
    Glich, von den Frau'n genossen und verlassen,
    Das Wogenbett nun einem Liebesbette.

Sonnenuntergang

Da begierig mit Strahlenhänden
    Sie der Nymphäe Nektar getrunken,
    Ist die Sonne berauscht zur Erde,
    Rotgewordenen Leibs, gesunken.

Wie seinem Ruf der Nachtgetrennte
    Hin nach der nahen Gattin lenket

Hat der Nymphäe blühend Antlitz
Erloschner Freude sich gesenket.

Verlassend nun die nachtgetrübten
　　Geschlossenen Nymphäenkronen,
　　Entflieht der Glanz zum Sternenhimmel;
　　Denn jeder will im Sichern wohnen.

Die Salbung des Liebesgottes

Zur Salbung Kâma's hat die Schöne
　　Der Nacht nun den mit Lotossprossen
　　Bestreuten Silbernapf voll Glanzflut,
　　Den Mond voll Flecken ausgegossen.

Kâma's Grausamkeit

Umarmung unter Nägelzeichen,
　　Kuß unter dichten Zahneindrücken;
　　Ja, der sich nennt den zarten, weichen,
　　Herb ist selbst Kâma im Entzücken.

Die rote Fußspur

Mit dem saftigen Lack der Sohlen
　　Zeichnet die wandelnde Frauenherde
　　Pfade, daß gleichsam von Indrahirten
　　Wimmelt die gräsergerötete Erde.

3. Amaru

Anrufung Pârvatî's

Der mit Liebesringspiel-Handgriff Händerücken-
zeichnenden
Nagelspurenglanz umhersprüht, hüt' er gnädig dein
Geschick:
Er, der lustvoll Karnapûren-Blütensproß-
umschwärmender
Bienen Schwärmereien anregt, Ambikâ's Streifseiten-
blick!

Anrufung Shiva's

Der weggeschleudert an die Hand sich hangende,
Zurückgestoßen schmiegende sich ans Gewand,
Haar fassend weggedrängte, Fuß-umfangende,
Nicht mehr gesehen dann, weil die Besinnung
schwand;
Der von den Mädchen Tripura's mit Schaudermut
Umarmend abgeschüttelte, mit Tränenflut
Zurückgewiesne Werber, ungedämpfter Glut,
Verbrenn er eure Sünden, Shiva's Rohrpfeilbrand!

Anrufung der Geliebten

Das seine Locken wirr bewegt,
Sein Ohrgehänge schütternd regt,
Mit feinen Tropfen Schweiß verwischt Shrî-Mal an Stirn
und Wange,
Es, dessen Auge schmachtend bricht
Im Wonnenrausch, das Angesicht
Der Liebsten hüte dich, wozu bedarfs der Götter lange?

Mit den schmachtend liebefeuchten Blüten, die sich
knospig schließen,
Bald anblickend auf sich tun, sich schamschwank wen-

den ab mit Nicken,
Mit den Augen, die der herzverwahrten Regung Sinn
ergießen,
Sprich, o Mädchen, welchen Sel'gen du damit heut an
wirst blicken?

Die Zwischenträgerin spricht:

Bewerbung wandtest du an sie, und lange Zeit war sie
von dir geehret;
Wie bist nun du's, der durchs Geschick die Jugend ihr
in Traurigkeit verkehret?
Nicht auszuhalten ist das Leid, kein tröstend Wort
kann ihr zu Herzen dringen;
Soll, Unbedachter, weinend laut die Freundin sich ins
Leutgerede bringen?

Zurede

Draußen sitzt, und schreibt am Boden, dein Geliebter
hingeneigt,
Deine Mägde mit verweintem Aug' enthalten sich der
Speise,
Selbst der Papagei im Käfig stellt sein Plaudern ein und
schweigt;
Und dich selbst verstört der Unmut; Spröde, laß nun
diese Weise!

Sie nehmen mit Gewalt den Mann, die Weiber, lassen
sich's nicht wehren.
Was zagst du dumpf und klagst du dann? Tu ihnen
nicht was sie begehren!
Ein hold, jung, herz'ger Lustgesell, der wird sich dir
zum Freunde schicken,
Vielleicht ist er noch feil; geh schnell, und fang ihn ein
mit hundert Stricken!

Die Hinrichtung

Mit Armgerankes schwanker Kett' m Zorne fest ge-
schnüret,
Im Lustgemach am Abende den Mägden vorgeführet,
»Tust du mirs wieder?« angelallt, Verbrechens über-
führet,
Von der Geliebten, welche weint, wird wie es sich ge-
bühret
Gerichtet hin der Glückliche, den es zum Lachen rüh-
ret.

Kindische Zeitberechnung

In zwei Stündchen, oder bis zu Mittag oder Nachmit-
tag,
Oder wann der Tag ist um, wirst, Liebster, du zurück
doch kommen?
So ihn, der zur Reise, die wohl hundert Tage währen
mag,
Eben geht, hält sie mit Worten, die von Tränen sind
umschwommen.

Der Abschiednehmende

»Kommen doch wieder, die gehn! Mach, Schönste, dir
keine Gedanken!
Sieh mich so bleich nicht an!« – Da ich mit Weinen es
sprach:
Ach, von ihrem betränten, vor Scham mattsternigen
Auge
An mit Lächeln geblickt, ging ich, dem Tode geweiht.

Hörend in schweigender Nacht dumpfrauschenden
Regengewölkes Ton,
Langaufseufzend ans Weib, das verlassene, denkend in
Zähren
Weinte ein Wandrer so laut aus offener Kehle die Nacht
durch,

Daß die Bewohner des Dorfes im Dorfe die Rast ihm
verwehren.

Da ich nur einmal im Schmerzzorn »geh doch!« sprach
mit barschem Ton,
Ging er gleich, das Felsenherz, vom Bette mit Gewalt
davon.
Solches hastig treubundbrechend unbarmherz'gen
Mannes nun
Denkt die Seele schamlos wieder! Freundin, o, was soll
ich tun?

Der bestrafte Plauderer

Da was das liebende Paar in der Nacht sprach, immer
am Morgen
Plaudert der Hauspapagei, wirft die sich schämende
Braut
Einen Rubin, als sei es ein rötlicher Kern der Limone
Ihm in den Schnabel und stopft also dem Schwätzer
den Mund.

Die Gekränkte weiset den Untreuen auf die ihr nicht entgan-
genen frischen Zeichen seiner Untreue hin

Mich verächtlich abgewandte, schwergekränkte zu um-
fangen
Wirst du unverständig, Frecher, ja so weit hast du's ge-
trieben!
Sieh hier deine Brust gerötet von – es ist mir nicht ent-
gangen –
Von des Schätzchens dicker Schmink, und fett von Sal-
ben eingerieben.

Das Zusammensitzen wehrt sie durch Entgegengehn
geschwind,
Und durch Betelbringensvorwand hemmt sie der Um-
armung Brunst;
Anred' überhört sie durch Befehlegeben ans Gesind:

So befriedigt sie am Liebsten ihren Groll mit aller
Kunst.

Doppelliebschaft

Scheuer Begier, da er sah zwei Schätzchen zusammen
auf einem
Sitze, von hinten herbei schlich er, verhält wie zum
Scherz
Einer die Augen, und leise, der Schelm, mit gebogenem
Halse
Auf die errötende Wang' hat er die andre geküßt.

Da verschmäht den Fußfall sehend,
(Weg, Verworfner! schalt sie ihn)
Ab vom Gnadeflehen stehend,
Der Geliebte wollte fliehn;
Gab sie, auf den Busen stemmend
Ihre Händ' und Seufzer hemmend,
Aus dem Auge, dem betauten,
Einen Blick an die Vertrauten,
Welcher sagte: haltet ihn!

So den Gewandsaum gürtelgefestigt, wieder warum,
nur
Schläft die blinzenden Augs? fragte der Freund ihr Ge-
sind. –
»Schützt mich sogar nicht der Schlummer?« sie zürnt'
es und warf sich herum zum
Schlafen mit List, und es ward jenem ein Platz auf dem
Bett.

Zweier auf demselben Lager abwärts redlos schmol-
lender,
Gegenseitig herzergebner, aber ernsttun wollender
Gatten, wie die Blicke leise sich durch Augenwinkel-
streifung
Mischten, schwand ihr Groll in Lachen unter fester
Halsergreifung.

Der Sieger

»Was sie mir anhat, wollen wir sehn!« so faßt ich ein
Herz mir.
»Redet er etwa mich an, der Verwegne?« trotzte mir je-
ne.
Wie wir einer des andern Verlegenheit also erlauern,
Lacht ich mit List, da floß ihr die haltungraubende Trä-
ne.

Wie sie halbverlegnen Stolzes mit der Hand den Ant-
litzmond stützt,
Wie der Fußfall mir Ratlosem blieb zum einzigen Hort,
Ward von ihr mir unter wimpersaumgekräuselspalten-
dem,
Sich am Busenrande brechendem Tränenstrom das
Gnadenwort.

»Ja trägst du nicht von eines Weibs Umarmung auf der
Brust die frischen
Salbkrusten, suche sie nur nicht mit Kunst durch Fuß-
fall zu verstecken!«
So da sie sprach; »Wie so?« rief ich, schnell die Spuren
zu verwischen,
Umarmt' ich sie mit Ungestüm, daß sie's vergaß im fro-
hen Schrecken.

»Du Frohaugige hast herzraubende Reize genug auch
Ohne Korsett« – da der Freund also die Schleifen er-
griff,
Jetzt von der lächelnd am Bette gesessenen freundlich
gegrüßt ging
Leise die dienende Schar, Listiges flüsternd, hinaus.

Ob Brauenfurchung sei beschickt,
Das Auge dennoch schmachtend blickt;
Und ob das Herz sich streng ummauert,
Die Haut des Leibes dennoch schauert.

Ist's Wort gehemmt, doch lächelvoll
Wird dieser Mund, der brennen soll!
Wie ist es möglich, sich zu fassen,
Wo sich die Männer sehen lassen!

»Liebste, bring mit Blickespielen hin die wen'gen Tage
nur!« –
»Schön! Mit Blicken mag ich spielen, wo nicht öde steht
die Flur.« –
»Sieh, auch kommen werd ich.« – »Kommen wirst du,
Freunden bringend frohen Mut.«
»Und was soll ich dir mitbringen?« – »Eine Handvoll
Gangesflut.«

Bei des Gatten erstem Fehltritt, keinen Rat der Freundin
hörend,
Weiß sie nichts von leidenschaftlichen Gebärden oder
Zanken.
Nur allein mit reinen Tränen Augen-lotose verstörend
Weint die junge Unschuld eben, daß die feuchten Lo-
cken schwanken.

Laß, Bester, es gesagt dir sein! Genug der Reden! Gehe!
Nicht die geringste Schuld ist dein, doch mein Geschick
ist Wehe.
Wenn deine Lieb', einst also groß, ein solches Ziel nun
findet,
Was kümmert mich das nichtige Scheinleben, ob es
schwindet!

Hell klingt das Halsband auf der Brust, die Hüft' um-
hüpft der Gürtel
Mit Glockenspiel, der Knöchel tönt von Edelsteinge-
spange.
Wenn du zum Liebsten gehend schlägst das Tamburin,
o Mädchen,
Warum doch blickst du her um dich so bebend scheu
und bange?

»Morgens morgens immer kommst du, nur im
Schlummer mich zu stören,
Besserung geworden ist mir Armen nun nach schwe-
rem Weh.« –
»Was verbrach ich Unbedachter?« – »Freundestreue
brachst du, geh!«
»Du bist krank.« – »Und was ich tu', um zu genesen,
wirst du hören.«

Vergleichung

Ein Mädchen sie, wir gramgebückt.
Ein frohes Weib sie, wir gedrückt.
Sie üppig schwellebrustig.
Wir kummerschwer unlustig.
Sie trägt der Lenden Fülle kaum,
Uns trägt der Fuß nicht mehr im Raum.
Nie wird an uns gerochen,
Was andere verbrochen!

Auf sind gebrochen die Spangen, und stets gehn lie-
bende Tränen,
Fassung bleibet nicht mehr; Geist ist zu wandern ge-
sinnt.
Alle sie ziehn mit dem scheidenden Freund; und, mußt
du doch auch gehn,
Mußt es gegangen denn sein, Leben, was gehst du nicht
mit?

Spröde die Lipp' einkneifend, erschreckt vorstreckend
die Finger,
»Laß mich, Wicht!« so mit Zorn höher die Brauen ge-
spannt,
Schaudernden Auges die Stolze; wer also sie küßt mit
Hast, hat
Amrit, es rührten umsonst törichte Götter das Meer.

»Er schläft; geht schlafen!« sprach ich, und hinaus ging
Dirn um Dirne.

Da drückt' ich liebewallend noch den Mund auf seine
Stirne;
Bis ich des Schelms erlognen Schlaf am Schaur der
Haut bemerkte;
Da kam mir Scham, die nahm er dann durch zeitgemä-
ßeWerke.

Worin der Zorn ein Brauenfurchen, die Weigerung ein
Schweigen,
Worin die Huld ein Wechsellächeln, der Blick ein
Gunstbezeugen;–
Die Lieb', in der so lind war alles, wie ward sie so un-
eben!
O sieh, du windest dich zu Füßen, und ich kann nicht
vergeben!

»Laß doch, Schönste, den Zorn, o sieh mich zum Fuß
dir geneiget;
Nicht doch so grausamer Art sonst ist gewesen dein
Zorn.«
Also da sprach der Gebieter, von ihr schrägblinzenden
Auges
Wurde nicht wenig geweint, aber erwidert kein Wort.

Mit von Umarmungsdruck ausbrechendem Schauer
der Brüste,
Mit von Wonnegewalt wogendem Lendengewand ;
»Laß mich, laß mich, genug!« so Töne gebrochene
stammelnd,
Schläft oder stirbt sie,« vergeht oder vergehet in mir?

Wie er ans Gewand sich schmieget, neigt sie willig ihr
Genick;
Wie er zur Umarmung drängt, enthüllt bescheiden sie
den Leib,
Schweigend auf die Mägde, welche lachen, wendet sie
den Blick.
Hold vor Scham verstummt beim ersten Minnescherz
das junge Weib.

Nach zerbrochnem Freundschaftsbande, nach zerstob-
ner Hochbewerbungsehre,
Nach hinweggegangnem lieben Mann, als ob ein frem-
der Mann es wäre;
So betrachtend, so betrachtend, liebe Freundin, jene
Tag' im Glücke,
Sagen kann ich nicht, warum das Herz mir nicht zer-
springt in hundert Stücke.

Zwei Langgetrennte, sehnsuchtsweh-gewelkte Glieder
habend;
Sich nun begrüßend, wie an neu gewordner Welt sich
labend,
Antretend endlich ihre Nacht an langen Tages Ziele;
So süß wie ihr Gespräch vergehn kaum ihre Minnespie-
le.

Festlicher Empfang

Blicke, nicht Nymphäen, sind es,
Die sie schlingt statt Kranzgewindes;
Und ihr *Lächeln*, nicht Jasminen,
Soll zum Blumenstrauße dienen.
Ein schweißentbindend *Brüstepaar*,
Kein Opferkrug, bringt Weihflut dar.
Bei läßt sie nur die eignen *Glieder* steuern,
Zur Willkommspende dem erharrten Teuern.

Der Freund, im Magdgewand hereingekommen,
Und sich im Winkel schmiegend, schuldbewußt,
Ward von mir ungekannt in Arm genommen;
Ein Laut verriet ihm das Geheimnis meiner Brust,
Die nach Zusammenkunft mit ihm entstandne Lust.
»O Mädchen, das wird schwer sich fügen!«
Rief er, der fest im Arm mich nahm.
Leicht konnte mich der Schelm betrügen,
Heut, eben als der Abend kam.

Fußfall fürchtend, birgt sie sittig mit dem Kleid des Fußes Ort,
Unterdrückt mit Kunst ein Lachen, lasset ihren Blick
nicht frei;
Red' ich an, so spricht zur Magd sie nebenaus ein letztes Wort.
Ei, daß ihre Sprödigkeit, die reizende, gesegnet sei!

Wieviel Spruch' ihr eingelehrt von klügeren Vertrauten
waren,
Soviel sagt sie eilig her vorm Freunde, der sich schwer
vergangen;
Dann sofort beginnt sie, wie es ihr ums Herz ist, zu gebaren;
O Natürlichkeit der Liebe, hold von Mädchentand umfangen!

Sehnsuchtsvoll, da von fern er nahete – staunend betroffen,
Als er den Gruß ihr bot, – rötlich vor Zorn, da den Arm
Er um sie schlang, – als ihr Kleid er umklammerte,
wolkig von Braue, –
Als er zu Fuß ihr verstört stürzte, von Tränen gefüllt
Ward es, das *Auge* der Stolzen, o Wunder, das scharfblickreiche,
Weil es am Liebsten entdeckt eine verborgene Schuld.

»Woher der Glieder Schmächtigkeit? Das Zittern, wie?
Von wannen, O, Mädchen, diese bleiche Wang?« als so
der Herr sie fragte,
»Das ist gekommen von ihm selbst«, antwortet die Verzagte
Und räumt die Tränen seufzend weg, die von den
Wimpern rannen.

Vor ihr stand ich betreten, verwirrt durch Namensverwechslung,
Und aus Verlegenheit schrieb etwas am Boden ich hin.
Unglücklich lenkte der Züge Verschlingung, ach, zu

Vorschein
Kam nun der Nam' auch dort, der mein Geheimnis ver-
riet.

Hartherz'ge, laß den Irrtum, laß das ehrenrührige
Schmähen,
Zu kränken einen Mann wie mich, ist, Teure, dir nicht
beschieden.
Doch hältst du es für Rache, mein Kind, und meinst,es
muß geschehen,
So tu mir, Liebste, was du willst, und sei mir nur zu-
frieden.

Lind den Staub der Flur besiegelnd, Eingang findend in
die Ritzen
Des von Sturmwindskrach gebrochnen Hüttleins, die
nicht sind zu stopfen,
Wo der arbeitsamen Bäurin sie den Schweiß der Brust-
bespritzen,
Fallen jetzt des Herbstes Candalblüt' erweckende Re-
gentropfen.

Der Mond, zugleich getrunken mit dem Wein,
Wie er im Becher schwebt' im Widerschein,
Brach wohl die Stolzverfinstrung spröder Frauen,
Denn diese da läßt plötzlich Huld mich schauen.

Erinnerung an den Abschied

Heil dir, siehst du am Himmel die drängende Fülle der
Wolken,
Freund, und eilest! – so weit sprach sie mit Mühe das
Wort,
Lehnte sich hin dann auf mein Gewand, und schrieb an
dem Boden;
Das nur konnte sie tun, da ihr die Stimme versagt.

Diese weitgeaugt-blicklüstige,
Vollgewölbet-schwellebrüstige,

Breitgelendet träge Gängerin,
Meine liebste Herzbedrängerin.

Ein mit Lack belegter, frühlingssprossenlinder,
Ein bespangter Fuß, ein schwer wollüstig träger;
Wo ein Tritt von ihm trifft einen Liebessünder,
Der ist dein, o sel'ger Delphinfahnenträger!

»Kind!« »Herr!« »Laß, o Gekränkte, den Groll!« »Was
tu ich mit Groll dann?«
»Mir ist's leid.« »Nicht mein Herr kränkt mich, die
Schuld ist an mir.«
»Nun was weinst du schluchzend?« »Vor wem denn
wein ich?« »Vor mir nicht?«
»Wer bin ich dir?« »Mein Lieb!« »Nein! und ich weine
darum!«

Winterbild

Die ringsum in des Himmels Antlitz streuen
Den hochentführten schneegeflockgepaarten
Jasminenblütenstaub, den zarten
Wohlduftigen, dessen sich die Bienen freuen;
Die gleichsam aus dem Liebespochen
Safrangesalbter Busen-Auen
Hervorgebrochen,
Frosteswonneschauer von dem Munde
Eintrinken rehgeaugter Frauen,
Die winterlichen Winde wehn zur Stunde.

Sie hört in stiller Nacht der ersten Wolke Dröhnen,
Und mit erschlafften Gliedern fällt
Aufs Bett sie, an den Boden hin mit Stöhnen,
Wo stützend sie die Hand betrübter Mägde hält.
Aus voller Kehle, wehgeschwellt,
Zuletzt ein Tränenstrom zerschellt
Am harten Busenpochen,
So weinet süß gebrochen,

Gedenkend an den holden Leib
Des fernen Freundes, das verlassne Wandrerweib.

»Warum hab' ich Törin nicht umhalst den Herzgebieter
nun?
Seinem Kuß den Mund entzogen? Warum ihn nicht an-
gelacht?
Angesprochen?« Also denkend an ihr jungfräuliches
Tun,
Fühlt das junge Weib nun Nachreu, da ihr Herzchen
aufgewacht.

Dessen Namen nur vernehmend, wolkenschaurig stehn
die Glieder,
Dessen Antlitzmond erblickend, wird der Leib mond-
perlenfarb,
Wann doch wird von dem genahten halserfassungsun-
gestümen
Lebensherrn der Stolz gebrochen meiner, die an Blitzen
starb!

Der Morgenwind nach einer Lustnacht

Feucht von schöner schweißbeperlter Antlitzmonde
Tropfenraub,
Schwanke Lockenfülle schüttelnd, rüttelnd Lendenhül-
le lind,
Früh im Frühling mit erblühter Wasserlilien Düf-
testaub,
Fächelnd, nächtger Lust Erschöpfung nehmend, weht
der Morgenwind.

Glieder sandelstaubbleich, laubweich Lippen braun
von Betelkaun,
Von Besprengungswassern trübe Augen, die von Sal-
ben taun,
Blumenwerkduftend-feuchtes Haarnetz, blaue Duftge-
wänder weit:

Solches gibt am Sommerabend lieben Frauen Lieblich-
keit.

Etwas besser ist der Tag noch als die Nacht,
Besser doch die Nacht noch als der Tag verbracht;
Besser daß nur beides schwinde,
Wo ich nicht den Liebsten finde!

Zitternde Wasser im Auge, Beschwörungen, lieblicher
Fußfall –
Zärtliche halten damit auf den Geliebten, der reist.
Hell sei, o gehe du nur, und heiter der Morgen zur
Ausfahrt!
Was mir die Liebe gebeut, hörest du einst wann du
kehrst.

Sie hängt sich nicht ans Kleid, die Tür
Nicht sperret sie mit Armerankenstemmung;
Die Kniee nicht umklammert sie;
Nicht: »bleibe, bleibe!« ruft sie mit Beklemmung.
Den Harten, der, wie regnerisch
Das Wetter sei, doch fort will ohne Hemmung,
Hält auf nur die vom Tränenguß
Der Schmächtgen eingetretne Überschwemmung.

Ich weiß nicht, wann der Freund erscheint
Und bringet Freundesrede vor,
Ob alle Glieder mir vereint
Im Aug' sind oder ob im Ohr.

Den Leib in Liebeswehn verzehrt der ungeschickte
Kâma,
Und Tag' und Stunden zählt geschickt der mitleidlose
Yama.
Du selber, doch ein Mann, erliegst der Krankheit im
Gemüte,
Bedenke, wie soll leben erst ich zarte Frauenblüte!

Liebe, gegen den zu Fuß geschmiegten
Welche Härte! Gegen den besiegten
Treu ergebnen, Grausame, welch ein Verfahren!

So begütiget von Mägdesprüchen;
Ward von ihres Zornes Tränausbrüchen
Plötzlich stillgestanden nicht, noch fortgefahren.

Mein Leib ist einst gewesen vollkommen ungekränkt,
Dann wardst du Herzgeliebter, dem ich mein Herz ge-
schenkt.
Nun bist du Herr, Gebieter, und was bin ich? Das Weib!
Doch halten diese Glieder, und nicht zerspringt der ei-
senfeste Leib.

»Törin, was willst du verbringen in törichter Trauer die
Tage?
Fasse nur Mut! Tu ab Treu, und Beständigkeit laß!«
So von der Freundin ermuntert, erwidert die Schüch-
terne leis': »O
Wird mich nicht hören der Freund, welcher im Herzen
mir wohnt?«

Je mehr ich trinke liebetrinkbegierlich,
Von der Geliebten reichem Lippensaft
Wird immer mehr mein Durst gereizt, natürlich,
Es ist darin Gewürzes Kraft.

»Wo in der wolkigen Nacht, Rehfüßige, trägt dich dein
Weg hin?« –
»Wo der Geliebteste wohnt, welcher mein Leben be-
herrscht.« –
»Sprich, so einsam allein, wie fürchtest du nicht dich, o
Mädchen?« –
»Ist mein Geleitsmann doch Kâma gefiederten Pfeils.«

Den sie mit dem Lotosfächer schlug,
Weil fremder Küsse Spur er trug,

Stand blinzelnd mit den Augen, daß sie glaube,
Die Sehe sei versehrt vom Blütenstaube.

Wie sie vor ihm nun stehet itzt
Und bläst, und ihren Mund wie eine Knospe spitzt,
Küßt er in einem fort, halb aus Verlegenheit?
Die Bebende, halb aus Verwegenheit?

Mag nur zerspringen das Herz! Mag Kâma nach Lust
nur den Leib mir
Magern, o Freundin, nichts, nichts von dem Flatternden
mehr!
Also rufend in Zornaufwallungen, blickte das Rehaug
Seitwärts aus auf den Pfad, ob der Ersehnte nicht naht.

»Siehe, das Bett von der Last in Umarmung zerriebenen
Sandels
Ward hier, Zarte, zu hart«. Also empor an der Brust
Hob er mich rasch, die vom Schmerz eng pressenden
Kusses verwirrt,
Und aufschürzend den Saum, tat was ihm ziemte der
Schalk.

Als er zurück kam endlich, der lang mich Gekränkte
vermieden,
Zeigt' ich, gemagert vor Weh, doch ihm die Träne des
Zorns.
Aber, besorgt vor dem Hörvorwitz unduldsamer Mäg-
de,
Erst mich allein im Gemach sehende, weint' ich mich
aus.

Sie blickt, so weit die Blicke tragen, dort hinaus,
Von wo er kommen soll, bis zum Ermatten;
Doch ach, die Pfade sind geteilt, sich neigt der Tag,
Und immer finstrer dehnen sich die Schatten.

Da gibt sie ihre Hoffnung auf, und heimwärts tut
Sie einen Schritt, der kaum ihr geht von statten;

Da denkt sie »Kommen wird er jetzt!« Und noch einmal
Gereckten Halses blickt sie nach dem Gatten.

Angekommen war der Freund, der Tag in lauter Wün-
schen schwand,
Doch ein täppisch Fraungesinde dehnte das Gespräch
der Nacht.
»Jemand sieht uns!« rief sie plötzlich, schüttelte das
Florgewand;
Von der Lustbewegten ward die Lampe so zur Ruh ge-
bracht.

Ohne daß du Sinneswandlung am geprüften Freunde
spürtest,
Treuer Mägde Rat verachtend, warum hast du ihm ge-
trutzt?
Da mit eignen Händen du um dich den Brand der Koh-
len schürtest,
Der dich peinigt; Törin sieh, was nun dein Waldgewin-
sel nutzt?

Stille war alles im Hause, vom Lager erhob sie sich lei-
se,
Schlich, und betrachtete lang' ihn, der den Schlummer
nur log;
Küßt' ihn vertraut; da bemerkt sie die schauernde Haut
auf der Wange;
Schnell das sich schämende Kind küßte der wachende
Freund.

Ward nicht Sehnen reg im Herzen, schwollen weich die
Brüste nicht?
Überzog den Leib nicht Schauder, Perlenschweiß das
Angesicht?
Da ich schon beim Blick des argen trauten Fassungräu-
bers schmolz,
O wie soll sich aufrecht halten der erkünstelt kluge
Stolz?

Angeblickt ins trübe Auge, händefaltend angefleht,
Am Gewand zurückgehalten, unverstellt ans Herz ge-
preßt;
Da der Harte, von sich alles stoßend, unbarmherzig
geht,
Sinkt sie hin, die erst ihr Leben und alsdann den Liebs-
ten läßt.

Was mit Spitzen der Finger die rinnende Träne zer-
streuend
Weinst du, Grollende, still? Lauter noch weinest du
bald,
Deren erbittertes Wort ausschweifenden Stolzes durch
Kränkung
Zum Gleichgiltigen wird wandeln den zärtlichen
Freund.

Seinem Antlitz wend' ich ab das Antlitz, und den Blick
zu Fuß;
Seiner Rede schließ' ich Ohren, schmachtend er nach
einem Gruß.
Schauerschweiß mit Händen deck' ich, der aus beiden
Wangen dringt.
Freundin, was tu ich, wenn am Mieder jede Naht mir
springt?

Von ferne kamst du lächelnd mir mit Herzlichkeit ent-
gegen,
Verneigend hörtest du mein Wort, antwortend unver-
drossen;
Kein stumpfer Blick ward mein Empfang; was seh ich
nun dagegen!
Hartherzige, ein stiller Groll hält dein Gemüt ver-
schlossen.

Teilend das Lager mit ihm, den gebrochener Treue sie
zeihet,
Ab sich wendend im Groll, wie er begütigen mag,
So hartnäckig verschmäht den Geliebten sie; bis er nun

still wird;
»Schläft er wohl?« also den Hals recket sie und blicket nach ihm.

Hinging der Frühlingslüfte Chor, der Mallikâ-Blütenduft-.
Belad'ne Sommer schwand hin; o könntest du, Wolke, dies?
Mir treiben ein den harten Mann, der draußen in Berg und Kluft
Vorsteht den Kühn, Hirte würd' er leicht Arjuna's im Paradies.

Sie sah des eignen Nagels Mal auf meiner Wang' und ging berauscht
Von Eifersucht. »Wo gehst du hin?« so am Gewand-saum hielt ich sie.
Doch abgewandten Angesichts, betränten Auges: »Laß mich, laß!«
So zorngeschwellter Lippe was sie sprach, vergessen kann ich's nie.

Der lackbelegte, dem an Reiz kein Lotos sich verglei-chen darf,
Der von Juwelenfersenglanz rotschimmerig bespangte,
Den die nymphäenaugige mit Heftigkeit die Zorn'ge warf,
Der Fuß auf meinem Scheitel als ein Glückes Zeichen prangte.

Die Wangen Lotosblätter, vom Schlag der Hand zer-knittert ;
Des Lippensaftes Nektar, der Seufzer trinkt ihn leer.
Die Trän', am Halse hängend, den zarten Busen schüt-tert:
Der Zorn ist nun dein Liebster, Unhuld'ge, wir nicht mehr.

Lackspur über der Stirn, und am Hals Handspangenbe-
sieglung,
Augschminkenschwärzen am Mund, Augen von Betel
gefärbt; –
Wie sie den zornaufregenden Schmuck sah morgens
am Freunde,
Haucht' ihr seufzendes Weh hinter dem Fächer sich
aus.

Aus dem Aug auf des vor Brand vergehenden
Trennungswehverglühten Herzens Klopfen
Fallen der dem Freund Entgegenspähenden
Zischend wie auf heißen Stein die Tropfen.

Ihn, der unterdrückten Stolzes schweigend lag zu ihren
Füßen,
Und verschmäht sich sehend, weg sich wendet jetzt
und gehn will eben,
Hält ihr Auge, das beschämt sich unter steten Tränen-
güssen
Auf die Brust, bewegt von Seufzern, senkt, zurück aus
Lust am Leben.

Wasser im Aug, das die Zarte gedämmt vorm Blick des
Gebieters,
Einwärts gärend hat des Manmatha's Flamme bespritzt;
Siehe, von dieser im Sprühen gehemmten zieht aus
dem Mund nun
Atmender Wohlduftsrauch, welcher die Bienen be-
rückt.

Beschickt ist Brauenfurchung nun, befohlen ist dem
Aug' ein Zwinken,
Gelernt ist Schmollen, eingeübt mit Sittigkeit das La-
chenhalten.
Dem Herzen bracht ich endlich bei, in fester Fassung
nicht zu sinken;
Die Anstalt ist zum Kampf gemacht; des Sieges mag
dasGlück nun walten!

Manches Gebirg und Wälder mit erdebewässernden
Strömen
Wehrt zu des Wanderers Blick dem, was er liebet, den
Weg.
Ob er es weiß, doch reckt er den Hals, und tritt auf die
Zehen;
Heimwärts blickend im Geist, schwindet in Tränen er
hin.

Wenn du den Groll ins Herz, Flutlilienaugige, schlos-
sest,
Sei er dein Liebster nunmehr, was zu bedenken ist
noch?
Jene von mir dir offen gegebnen Umarmungen gib mir
Wieder, o gib nur zurück jeden gegebenen Kuß!

Ihr Schenkelpaar zwei Stämme der Kadalen,
Ihr Wuchs ein Strom, die Brüste lustgeschwellt,
Mit Anmutstau gefüllt zwei goldne Schalen,
Zu König Kâma's Krönungsfest bestellt.

Leichtsinnige, was ward von dir dein flehend herge-
kommener
Fußfäll'ger, wimmerweicher Freund mutwillig abge-
wiesen?
So magst du, Zuflucht suchend nun beim Weinen, mit
verglommener
Lusthoffnung lebenslang die Frucht des bittern Grolls
genießen.

So kläglich sang, erschüttert von flutschwerer Wolken
dumpfem Ton,
Mit Tränen stiller Sehnsucht Weh der Wandrer in der
Nacht.
Es lasse nur der Freund, der mit das Leben nimmt, sein
Reisedrohn;
Da mir des Trotzes Grabeflut schon ein fremder Mann
gebracht.

Dem ein frischer Kranz, ein feuchtes Kleid, ein Wasser-
lilienstrauß
Und Frosttropfen sprühnde Mondenstrahlen allenthal-
ben
Nur zum Brennstoff dienen und die kühlen Sandelsal-
ben;
Kâma's Feuer, kann es jemals in dem Herzen gehen
aus?

Sie ist wie Gangâ, wenn im Herbste voll
Der Strom noch ist, doch nicht mehr überschwoll.
Als wie zwei Inseln tauchen auf die Wangen,
Darüber falterschimmrig Bachstelzen, lose Augen.
Und Kâma, der Candâle, spannt den langen
Braubogen, doch will er die Vögel fangen?
Zu Schlingen mögen ihm die zwei gewundnen Ohren
taugen.

Um rehgeaugter Schönen Busen dehnen
Sich des Geschmeids geschmeidige Geflechte.
Fühllose Perlen selber fühlen Sehnen;
Was wir denn, Kâma's willenlose Knechte!

4. Bhartrihari

Die Stufen der Liebe

Was ist Edlen gut zu sehen? Liebchens klares Ange-
sicht.
Was zu atmen? dessen Mundhauch. Was zu hören?
dessen Wort.

Was zu kosten? dessen Lippe. Was zu fühlen? dessen
Leib.
Was zu denken? dessen Anmut. Reizend ist es aller-
wärts.

Sagen denn nicht unsre Dichter etwas sehr Verkehrtes
Von den Frauen, wenn sie stets von schwachen Frauen
reden?

Die, von deren schwanker Augensterne Blitz getroffen
Himmelsgötter selbst erliegen, sind die schwach zu
nennen?

Ohne daß die Locken flattern und sich weit das Aug'
auftut,
Ohne daß die Lippen aufgehn mit der reinen Zähne
Glanz,
Ohne daß die Perlenschnur schwankt auf des Busens
Doppelhöhn,
Auch in völl'ger Ruhe setzt in Unruh' uns ein schöner
Leib.

Scheine Lampe, glänze Feuer, leuchte Sonne, Mond
und Stern;
Fern von euch, Gazellenaugen, ist die Welt mir Finster-
nis.

Sieht man sie nicht, begehrt man sie zu sehn nur,
Und sieht man sie, wünscht man sie bloß zu küssen,

Und wenn man dann sie küßt, die Großgeaugte,
Verlangt man völlig mit ihr zu verwachsen.

Der an die Brust gesunkenen mit aufgelösten Locken,
Der noch ein wenig blinzenden mit zugeknosptem Auge,
Der von des Liebeskampfes Schweiß am Wangensaum
betrieften
Geliebten Frauen Lippenseim, ihn trinken Hochbe-
glückte.

Wenn der Freund im Regengusse nicht das Haus ver-
lassen kann,
Und des Frostes wegen fester ihn die Schöne drückt ans
Herz,
Dann der Wind mit kalten Tropfen ihre Lustermattung
kühlt,
Wird das schlechte Wetter gutes für beglückte Lieben-
de.

Ihr wählt euch eure Meister von den frommen Schrift-
gelehrten,
Doch wir, anmutig redender Poeten Jünger sind wir.
Denn nicht in jenem Leben gibt's ein höhres Glück als
Tugend,
Doch keine Lust in dieser Welt als klargeaugte Frauen!

Sich selbst und uns betrügt der Schriftgelehrte,
Der ungebührlich schöne Mädchen schimpft.
Zwar ist das Paradies die Frucht der Buße,
Doch Mädchen sind die Paradiesesfrucht.

Nenne nur das Weib! und weder Gift noch Nektar gibt
es sonst;
Abgeneigt ist sie ein Giftbaum, zugeneigt ein Nektar-
zweig.

Mit dem einen kost sie traulich, nach dem andern blickt
sie hold,

Denkt im Stillen an den dritten; wen denn liebt sie eigentlich?

Als uns umgab Unwissenheit verliebter Finsternisse,
War in Gestalt des Weibes uns die ganze Welt erschienen.
Nun unser Aug' erhellet ist von bess'rer Einsicht Salben,
Erkennt der einsgeword'ne Blick die ganze Welt als Brahma.

Fünf Sprüche eines indischen Weisen

1

Was ist Gewinn? mit Guten streben.
Was Schaden? unter Toren leben.
Was ist Verlust? verlorne Zeit.
Der beste Witz was? Redlichkeit.
Der rechte Mut? vorm Bösen scheu.
Das beste Liebchen? Ehweib treu.
Was Reichtum? seine Kunst verstehn.
Was ist Glück? nicht auf Reisen gehn.
Was Königsmacht? die Seinigen sich gehorchen sehn.

2

Die arm sind an bösen Worten,
Reich an guter Reden Horten.
Nicht verleumden, noch lügen,
Und mit ihren Fraun sich begnügen:
Wo immer sie sind erschienen,
Die Erd' ist geschmückt mit ihnen.

3

Von eines Helden Fußtritt nur
Wo berührt wird die Erdenflur,
Zittert sie freudig allzumal,
Wie getroffen vom Sonnenstrahl.

4

Und wenn auf Erden gleich
Bliebe kein Lotosteich,
Doch scharrte nie der Schwan
Im Miste wie der Hahn.

5

Weise muß man ehren,
Auch wenn sie nicht Weisheit lehren.
Was ihnen nur fällt vom Munde,
Ist immer heilige Kunde.

Der weltentsagende Hindu

1

Wegen dieses Lebens, das dem Tropfen auf der Blume
gleichet,
Was hab' ich, der Unverständ'ge, nicht schon alles aus-
gehalten,
Daß ich selbst vor stolzen Reichen, vom Besitze dumpf
Berauschten,
Mit erlogner Scham beging die Sünde, mein Verdienst
zu rühmen!

2

Säh' er am zerlumpten Kleide der betrübten Gattin
nicht
Eigene betrübte Kinder zerren, hungrig weinende;
Möchte wohl, aus Furcht der Fehlbitt' ein kleinlautes
Wörtchen »gib«
Seines eignen Bauches willen stammeln ein Verständi-
ger?

3

Endlich, wenn sie lang' auch weilten, müssen doch die
Güter gehn;
warum also gibt nicht lieber sie der Mensch von selber
auf?
Wo sie eigenwillig weggehn, lassen sie den höchsten
Schmerz;
Wo du sie freiwillig aufgibst, ew'gen Frieden geben sie.

4

Sind die von Gangâ's Flutgeträufel kühlen,
Von Genien bewohnten Felsengrotten
Des Himavân untergegangen etwa,
Daß Menschen ehrlos fremde Bissen suchen?

5

Fehlt's an Wurzeln in den Klüften, im Gebirg an Was-
serfällen,
Bäumen, saft'ge Früchte bietend, Stengeln, Bast zum
Kleide gebend,
Daß du magst ein Antlitz ansehn, das von Huld dir
keine Spur zeigt,
Und ob kümmerlicher Gabe stolz die Augenbrau'n em-
porzieht!

6

Was irrst du umsonst umher? ausruhe dich, Herz, ein-
mal!
Von selber wie alles wird, so wird es, und anders nicht.
Denk an das Vergangne nicht, noch bilde dir Künf t'ges
ein;
Und Freuden, die unbemerkt sonst kommen und gehn,
genieß!

7

Wo sie des Haares weiße Farbe sehen,
Das Zeichen, daß dem Mann das Alter obsiegt,
Gehn schnell davon, wie vom Candâlenbrunnen,
Woran der Knocheneimer hängt, die Frauen.

8

Weil noch unerkrankt der Leib ist, und das Alter ferne,
Weil noch ungeschwächt die Sinne, kein Verfall des
Lebens,
Mühe für des Geistes Bestes eifrig sich der Weise!
Spät ist es den Brunnen graben, wann das Haus in
Brand steht.

9

Reizend sind des Mondes Strahlen, reizend grüner
Platz im Wald,
Reizend freundliche Gesellschaft, Dichtersagen reizend
auch,
Reizend Liebeszornes Tränen zitternd in des Liebchens
Blick,
Reizend alles, denkst du der Vergänglichkeit, bleibt rei-
zend nichts.

10

Ist's schön nicht, wohnen im Palast und Saitenspiel zu
hören,
Die Herzgeliebte zu umfahn, ist's süßer nicht als alles?
Doch, wie, von irren Vogels Flug gestreift, die Lampe
flattert,
So flatterhaft scheint Weisen das, die zum Einsiedler-
wald gehn.

5. Jayadeva

Gîtagovinda oder die Liebe des Krishna und der Râdhâ

I

Im Frühlingshauch, mit frühlingsblumenzartem Leib,
Im Walde wallend, Krishna suchend überall,
Von Kâmas Kummer schwer bedrängt, verwirrten
Sinns,
Ward Râdhâ von der Freundin angeredet so:

Unter malayischem, duftende Nelkengebüsche besu-
chendem Hauche,
Unter dem bienenumschwärmten, von Kokilas Rufen
ertönenden Strauche,
Hari nun spielet im Lenze, dem frohen,
Tanzet, o Freundin, mit Mädchen, zur Zeit, die nicht
süß ist, wo Liebe geflohen.

Wo sich von Frau'n der Verreisten erheben aus sehnen-
der Liebe die Klagen,
Vakula-Kronen den immenbelagerten Blütengeweben
entragen;
Hari nun spielet im Lenze, dem frohen,
Tanzet, o Freundin, mit Mädchen, zur Zeit, die nicht
süß ist, wo Liebe geflohen.

Wo sich mit Moschusgedüfte berauschet das junge Ge-
sproß der Tamâlen,
Kinshuka-Blüten wie Madanas Nägel, die herzenzer-
reißenden, strahlen;
    Hari nun spielet im Lenze, dem frohen,
Tanzet, o Freundin, mit Mädchen, zur Zeit, die nicht
süß ist, wo Liebe geflohen.

Wo die Zepter des Königs Ananga sind blühende Kesa-
ras golden,

Bienengefüllet wie Köcher Kandarpa's sich zeigen die
Pâtali-Dolden;
    Hari nun spielet im Lenze, dem frohen,
Tanzet, o Freundin, mit Mädchen, zur Zeit, die nicht
süß ist, wo Liebe geflohen.

Wo, die entfesselte Schöpfung erblickend, die sprie-
ßenden Karunas lachen,
Ketaki-Stengel wie liebesverwundende Spieße die Ge-
gend umwachen;
    Hari nun spielet im Lenze, dem frohen,
Tanzet, o Freundin, mit Mädchen, zur Zeit, die nicht
süß ist, wo Liebe geflohen.

Wo, vom Gerank Atimukta's umarmet, der Âmra, der
knospende, schaudert,
Durch Vrindâvana's Dickicht sich schlingend, die
schlängelnde Yamunâ zaudert;
    Hari nun spielet im Lenze, dem frohen,
Tanzet, o Freundin, mit Mädchen, zur Zeit, die nicht
süß ist, wo Liebe geflohen.

Nun in dem Mâdhavî - Düfte verhauchenden, Mâlika-
Balsam-betauten,
Selber die Sinne des Büßers berauschenden, zaubri-
schen Jugendvertrauten –
    Hari nun spielet im Lenze, dem frohen,
Tanzet, o Freundin, mit Mädchen, zur Zeit, die nicht
süß ist, wo Liebe geflohen.

Aus Blumenstaube, der entstirbt gespaltnem Schöße
Der Malli-Blüte, webt ein hainbeflorend Florzelt
Er jetzt, der sengt das Herz wie Pancabâna's Odem,
Ketaki's Duftgespiel, Duftwagenlenker Lenzwind.

Auf den, hundert Frauen zu umfangen
Geizenden, liebreizenden Murâri,
In der Näh' hinzeigend, hat nun jene
Freundin wieder angeredet Râdhâ'n:

Sandelgesalbeten bräunlichen Leibes im gelblichen
Kleid, der Bekränzte,
Ringe des Ohres im Tanze bewegend um Wangen, von
Lächeln beglänzte,
    Hari im munteren Mädchengedräng,
Mit Scherzenden scherzt er im Freudengepräng.

Mit den erschwellenden wallenden Brüsten umfangend
den Hari voll Preise
Singet ihm eine der Hirtinnen nach die gewirbelte
``Pan-cama-Weise;
    Hari im munteren Mädchengedräng,
Mit Scherzenden scherzt er im Freudengepräng.

Eine, die Lust hat aus lauschender Losheit der locken-
den Augen getrunken,
Steht in Gedanken nun in Madhusûdana's Antlitz-
nymphäe versunken.
    Hari im munteren Mädchengedräng,
Mit Scherzenden scherzt er im Freudengepräng.

Eine, geschmiegt an die Seite der Wangen, um etwas
ins Ohr ihm zu raunen,
Küsset geschwinde den Liebsten und machet den
Wonnedurchschauerten staunen.
    Hari, im munteren Mädchengedräng,
Mit Scherzenden scherzt er im Freudengepräng.

Eine des Wirbels der Wonne Verlangende ziehet am
Yamuna-Strande
Jenen zur luftigen Laube Gewandten zurück mit der
Hand am Gewande.
    Hari, im munteren Mädchengedräng,
Mit Scherzenden scherzt er im Freudengepräng.

Wie die von Taktschlag schütternden Spangen die Flöte
begleiten im Schwunge,
Schwingt sich im rauschenden Reigen die andre, und
Hari belobet die junge,

Hari, im munteren Mädchengedräng,
Mit Scherzenden scherzt er im Freudengepräng.

Eine die halset er, eine die küsset er, herzet der herzi-
gen eine,
Blicket nach jener mit lieblichem Lächeln, und haschet
die andere feine.
Hari, im munteren Mädchengedräng,
Mit Scherzenden scherzt er im Freudengepräng.

Er, der allgemeine Wonne ruft hervor durch seine
Gunst,
Dessen zarter Lotosleib weiht des Leiblosen Gottes
Fest,
Den nach Wunsch allgegenwärtig die Hainmädchen
rings umfahn,
Sieh, o Freundin, wie im Frühling unbefangen Hari
spielt!

II

Râdhâ, während allverliebt im Haine Hari scherzte,
Ging hinweg, ob dem verlornen Vorzug eifersüchtig,
Und in einer Laube, deren Wipfel laut von Bienen-
schwärmen
tönte, sprach mit Härmen sie zur Freundin also:

Der mit dem Nektar der Lippe versüßet den Ton des
bezaubernden Rohres,
Fütternden Blickes und flatternden Kranzes, geschüt-
terter Ringe des Ohres,
Dort, wie sich Hari gebärdet im Reigen
Denk' ich, wo munterer Scherz ihm ist eigen.

Dem mit beaugetem Pfauengefieder bespangt ist die
Fülle des Haares,
Reich mit Purandara's Bogen bezogen das weiche Ge-
wölk des Talares,

Dort, wie sich Hari gebärdet im Reigen,
Denk' ich, wo munterer Scherz ihm ist eigen.

Üppiggelendeten ländlichen Frauen zu küssen den
Mund voll Begierde,
Süß bandhujîvischen Lippengeknospes mit lockender
lächelnder Zierde,
Dort, wie sich Hari gebärdet im Reigen,
Denk' ich, wo munterer Scherz ihm ist eigen.

Mit den erschaudernden Ranken des Armes ein Hirtin-
nentausend umkränzend,
Mit bejuweleten Händen und Füßen und Busen das
Dunkel durchglänzend,
Dort, wie sich Hari gebärdet im Reigen,
Denk' ich, wo munterer Scherz ihm ist eigen.

Schimmer von sandelbemaleter Stirn zu des Mondes
Beschämung ergießend,
Schwellende Brüste mit ungestüm pochender Pforte
des Herzens umschließend,
Dort, wie sich Hari gebärdet im Reigen,
Denk' ich, wo munterer Scherz ihm ist eigen.

Edelgesteiniges Makara-förmiges Ohrengehäng' um die
Wangen,
Safrangemantelt, von Helden und Heiligen, Göttern
und Geistern umfangen,
Dort, wie sich Hari gebärdet im Reigen,
Denk' ich, wo munterer Scherz ihm ist eigen.

Lehnend am weißen Kadamba, das Grauen und Grau-
sen von Kali beschwichtend, Mich mit Anangas Ge-
danken und Blicken empor auch ein weniges richtend,
Dort, wie sich Hari gebärdet im Reigen,
Denk' ich, wo munterer Scherz ihm ist eigen.

Es zählet aller Zierden Zahl, und stößt sich nicht an die
Verstoßung,

Es sehnet nach Versöhnung sich, und weiset ferne die
Verschuldung;
Nach Krishna, der mit andern zwar sich letzt und ohne
mich ergetzet,
Macht liebend wieder doch sich auf dies leide Herz!
was soll ich machen?

Mir, der Verborgnen im laubigen Dach, ihn den
Schlummrer in nächtlicher Hülle,
Mir, der Allspähenden, furchtsamen Blicks, ihn, den
Lachenden, wonniger Fülle,
    Freundin! den Keshi-Besieger, den klaren,
Bring' ihn zum Spiele mir, liebesbewegt sich der Wun-
schesgewährten zu paaren.

Mir, der bei seinem Erscheinen Errötenden, ihn, den
beredtsamen Koser,
Mir, der mit lieblichem Lächeln Begrüßten, ihn, der
dies Gewand macht loser,
    Freundin! den Keshi-Besieger, den klaren,
Bring' ihn zum Spiele mir, liebesbewegt sich der Wun-
schesgewährten zu paaren.

Mir, der aufs grünende Bette
Gesunkenen, ihn, der mir liege zu Seiten,
Mir, der Bereiten zu Kuß und Umfang, ihn die Lippen
zu saugen Bereiten,
    Freundin! den Keshi-Besieger, den klaren,
Bring' ihn zum Spiele mir, liebesbewegt sich der Wun-
schesgewährten zu paaren.

Mir, mit ermattet gesunkenem Aug', ihn mit lustvoll er-
schauernden Wangen,
Mir, der im Tau der Erschöpfung Zerflossenen, ihn
trunken von Zittern umfangen,
    Freundin! den Keshi-Besieger, den klaren,
Bring' ihn zum Spiele mir, liebesbewegt sich der Wun-
schesgewährten zu paaren.

Mir, von des Kokila Girren umschwirrt, ihn, den Sieger
anangischer Regeln,
Mir, mit zerknitterten Blumen im Haar, ihn am Busen
mit Spuren von Nägeln,
   Freundin! den Keshi-Besieger, den klaren,
Bring' ihn zum Spiele mir, liebesbewegt sich der Wun-
schesgewährten zu paaren.

Mir, der bespanget erklingelt der Fuß, ihn durchmes-
send die Bahn von Genüssen,
Mir, der entkettet der Gürtel ertönt, ihn, der fasset beim
Haar, um zu küssen,
   Freundin! den Keshi-Besieger, den klaren,
Bring' ihn zum Spielen mir, liebesbewegt sich der Wun-
schesgewährten zu paaren.

Mir, im Gefühle der Wonne betäubt, ihn, dem halb ist
das Aug' aufgegangen,
Mir, der die Ranke des Leibs hinsinkt, ihn mit steigen-
dem Liebesverlangen,
   Freundin! den Keshi-Besieger, den klaren,
Bring' ihn zum Spiele mir, liebesbewegt sich der Wun-
schesgewährten zu paaren.

Wie aus der Hand die Flöt' ihm sinkt, wie aus den
schiefen Augenbrauenranken
Der frohen Frauen freier Blick ihn trifft, die Wang' ihm
perlt von hellem Schweiße,
Und, da sein Auge mich erblickt, verlegnes Lächeln um
den Mund ihm spielt,
Govind im Hain von Hirtinnengedräng umgeben seh'
ich, und es freut mich.

III

Doch es nahm der Kansa-Feind die weltlustbilderfes-
selnde
Spange, Râdhâ, nun ans Herz, und wich vom Chor der
Hirtinnen.

Dahin und dorthin ging er nach der Râdhikâ,
Ananga-Pfeileswunden fühlend in der Brust,
Herzreuevoll, und an Kalindanandîn's
Gestad' im Busche ließ sich nieder Mâdhava.

O! sie ging, wie sie hier umrungen mich sah von Frau-
engestalten,
Im Gefühle der Schuld auch ward sie von mir zurück
nicht gehalten;
    Harihari! die Gekränkte, gegangen ist sie im Zorne!

Was beginnet sie? was wohl sinnet sie, die Verlaßne
voll Beben?
Was kann Gold nun und Gut mir gelten, was gelten
Welt mir und Leben?
    Harihari! die Gekränkte, gegangen ist sie im Zorne!

Ihres Antlitzes denk' ich unter den Brau'n, vom Zorne
verzogen,
Gleich der roten Nymphäe, dunkel von Bienen-
schwarm überflogen,
    Harihari! die Gekränkte, gegangen ist sie im Zorne!

Herzlich halt' ich sie hier umhegt, in des Herzens Räu-
men getragen;
Warum soll ich im Wald sie suchen, warum vergebens
hier klagen?
    Harihari! die Gekränkte, gegangen ist sie im Zor-
ne!

Schmächt'ge! deines von Gram zerbrochenen Herzens
muß ich gedenken,
Kann – ich weiß nicht, wohin du gingest – nach dir die
Schritte nicht lenken.
    Harihari! die Gekränkte, gegangen ist sie im Zor-
ne!

Du erscheinest mir! Ja, ich sehe vor meinen Augen dich
schweben;

Warum willst du mit froher Hast mir wie sonst Umar-
mung nicht geben?
  Harihari! die Gekränkte, gegangen ist sie im Zorne!

O verzeih' mir! und nimmer wieder von mir soll sol-
ches geschehen.
Gib, o Schönste, mir deinen Blick! ich vergeh' in Man-
mathas Wehen.
  Harihari! die Gekränkte, gegangen ist sie im Zorne!

Dies Fasernband am Herzen mir, nicht ist's der Fürst
der Schlangen;
Dies Lotoslaubgewind am Hals, nicht ist's der Glanz
des Giftes;
Nur Sandelstaub, nicht Asch' ist dies: befehde nicht
mich Kranken.
Mit Hara mich verwechselnd, was voll Grimm, Ana-
nga, tobst du?

Nimm zur Hand den Âmra-Pfeil nicht! spanne nicht
den Bogen straff!
Spielender Weltbesieger! ist Ohnmächt'ge fällen Hel-
dentat?
Schon vom Liebesblickgeschosse der Gazellenaugigen
Ist dies Herz genug verwundet, das bis heut sich nicht
erholt.

Ist Brau' ein Bogen, Wimperblickes Schwingung
Ein Pfeil, Ohrläppchen eine Sehn', o Smara,
Wie hast du zum Triumphzug dieser Schönen
Geliehen alle Weltbesiegungswaffen!

Vom Brauenbogen Streifblickschuß, richt' er nur Glie-
derweh an!
Das schwarzgewundne Haarnetz auch, üb' es nur Zau-
berkünste!
Berückung spend', o Schmächtige, die rote Bimba-
Lippe!

Doch deine zartgewölbte Brust, wie spielt mit meinem
Geist sie!

Die lieblichen Berührungen, das holde schwanke Bli-
ckespiel der Augen,
Der Mundnymphäe würz'ger Duft, die Nektarträufe-
lung der losen Worte,
Der Bimba-Lippe Süßigkeit! da in Vergegenwärt'gung
all der Reize
Mit Andacht das Gemüt an sie sich schmiegt; wie kann
der Trennung Pein doch walten!

IV

Den am Yamunâ-Stromufer im Laubhause verweilen-
den
Hari voll Liebesunruhen grüßte die Freundin Râdhâ's
itzt:

Sandel verbannt sie, die Strahlen des Mondes erkennt
sie für Qualenumschnürung,
Nennt die malayischen Lüfte vergiftet von Schlangen-
gebirges Berührung,
    Sie, von der Trennung erkrankend,
Krishna! geschreckt von Ananga's Geschossen, als ein-
zigen Hort dich umrankend.

Um vor den dicht sich ergießenden Madana-Pfeilen dir
Schirmung zu geben,
Wölbt sie ums Herz, wo du wohnest, ein Schild sich
aus tauigen Lotosgeweben,
    Sie, von der Trennung erkrankend,
Krishna! geschreckt von Ananga's Geschossen als ein-
zigen Hort dich umrankend.

Aus den Geschossen des blumenverschießenden Got-
tes, versenkt in Gefühle,
Häufet sie deiner Umarmungen Wonnen geweihete
blumige Pfühle,

Sie, von der Trennung erkrankend,
Krishna! geschreckt von Ananga's Geschossen, als ein-
zigen Hort dich umrankend.

Ihres Gesichtes Nymphäe bewegt sie, von rinnenden
Tränen umflossen,
Ähnlich dem Mond, der, vom Rachen des Râhu be-
drängt, hat sein Amrit vergossen,
    Sie, von der Trennung erkrankend,
Krishna! geschreckt von Ananga's Geschossen, als ein-
zigen Hort dich umrankend.

Mit Antelopengewürze sie malet dich heimlich als
Schürer der Gluten,
Betet das Bild an, in Händen den Makara haltend und
Pfeile von Cûten,
    Sie, von der Trennung erkrankend,
Krishna! geschreckt von Ananga's Geschossen, als ein-
zigen Hort dich umrankend.

Also die Wiederkehr singet sie: Mâdhava! sieh mich zu
Fuße dir fallen;
Kehrst du dich ab, so wird Feuer statt Nektar im Becher
des Mondes mir wallen.
    Sie, von der Trennung erkrankend,
Krishna! geschreckt von Ananga's Geschossen, als ein-
zigen Hort dich umrankend.

Hin in Gedanken geschmolzen, sie stellt sich dich vor,
dich so schwer zu erflehen,
Klaget und lachet und lieget und weinet und wandelt
und wechselt die Wehen,
    Sie, von der Trennung erkrankend,
Krishna! geschreckt von Ananga's Geschossen, als ein-
zigen Hort dich umrankend.

Ihre Wohnung dünkt ein wilder Wald ihr,
Und ihr Mägdechor ein Jägernetz,
Während ihre glüh'nden Seufzerhauche

Bilden eines Waldbrands Flammenkranz;
Doch sie selbst, durch deine Flucht, o Jammer,
Nahm Gazellenbild an, auch und wie
Kâma die Gestalt gewann von Yama,
Und beschickt mit Lust sein Tigerspiel!

Selber vom lieblichen Kranz, der sie schmücket,
Fühlt die Gemagerte sich wie gedrücket,
Râdhâ, in deiner Trennung, o Keshava!

Saftige, weichliche Salbe von Sandeln
Fühlt sie in Gift auf dem Leib sich verwandeln
Râdhâ, in deiner Trennung, o Keshava!

Seufzers unendlich gedehnetes Hauchen
Lässet wie Madana's Lohe sie rauchen,
Râdhâ, in deiner Trennung, o Keshava!

Um und um drehet sie, träufelnden Spieles,
Augennymphäen gesunkenen Stieles,
Râdhâ, in deiner Trennung, o Keshava!

Zweifelnd besieht sie ihr blumiges Bette,
Das ihr erscheint wie Hutâshana's Stätte,
Râdhâ, in deiner Trennung, o Keshava!

Still auf die Hand nur die Wange sie leget,
Wie sich am Abend der Mond nicht beweget,
Râdhâ, in deiner Trennung, o Keshava!

Hari, o Hari! so ruft sie erbangend,
Selbst in der Trennung zu sterben verlangend,
Râdhâ, in deiner Trennung, o Keshava!

Sie schauert, stöhnet, winselt, zittert, schweigt,
Sinnt, schwärmet, nickt, fällt, strebet, schwiemet hin;
Nur deine Huld erhält die Holde noch,
O Himmelsarzt, sonst bleibt kein Anhalt ihr.

Wenn die Liebeskranke, süßer Götterarzt,
Deren Heilung deines Leibes Amrit ist,
Wenn du Râdhâ von dem Weh nicht retten willst,
Indra's Bruder! bist du hart wie Indra's Keil.

Unter Kâma's Drang und Andrang kranken Leibs, o
Wunder, fühlt
Ihr Gemüt, an Sandel, Mond und Lotos denkend, Trau-
rigkeit.
In Geduld nur die Gedanken ganz auf deinen kühlen
Leib
Richtend, einz'ger Freund, im Stillen atmet noch die
Schwindende.

Die, durch ein Blinzen deines Augs gekränkt schon,
Sonst keinen Augenblick ertrug die Trennung,
Wie seufzt sie jetzt, da den Rasâla-Strauch sie
Durch Trennungslänge siehet neu beblütet!

V

»Hier verweil ich; geh zu Râdhâ,
Bring mein Werben! bring sie hergeführet!«
So vom Madhu-Feind gesendet,
Eilte selbst und sprach zu Râdhâ jene:

Wo malayische Lüfte wehn,
      schwebend Ananga zu tragen,
Blühende Knospen aufgehn,
      Herzen getrennter Verliebter zu nagen,
Freundin! wie schmachtet der Hainbekränzte, getrennt
von dir!

Glühend am tauigen Mondesstrahl,
      Stellt er sich an zu sterben;
Fühlend Madana's Pfeilqual,
      klaget er laut das gedrohte Verderben.
Freundin! wie schmachtet der Hainbekränzte, getrennt
von dir!

Vor dem tönenden Bienenschwarm
      hält er verstopft die Ohren;
Durch die Trennung an Lust arm,
      siechet er nächtlich in Schmerzen verloren.
Freundin! wie schmachtet der Hainbekränzte, getrennt
von dir!

Wälder wählt er zum Aufenthalt
      glänzende Schlösser verlassend,
Wälzt am Boden sich stumm bald,
      bald bei dem Namen dich ruft er erblassend;
Freundin! wie schmachtet der Hainbekränzte, getrennt
von dir!

Wo schon eh'r des Wonneherren Lustziel er mit dir er-
reicht,
In derselben Laube, Kâma's hohem Tempel, harret er,
Mâdhava, der dich nur denkend, flüstert Huldbe-
schwörungen,
Wieder deiner Busenschal' Umarmungsnektar wün-
schet er.

Wo er zur Wohnung der Wonnebelohnung genaht ist
im Schmucke der Liebe,
Stattlich Gelendete! säume nicht, wende dich schnell zu
dem Herrscher der Triebe!
Unter dem Duftstrauch an Yamunâ's Lufthauch harret
der Hainbekränzte.

Deinen bedungenen, töneverschlungenen Namen ent-
haucht er dem Rohre,
      Neidet dem Winde den Staub, der gelinde dir,
Zarte, gespielt hat am Flore;
      Unter dem Duftstrauch an Yamunâ's Lufthauch
harret der Hainbekränzte.

Schwingt eine Taube sich, regt es im Laube sich, meinet
er, daß du gekommen,

Schmücket das Lager dir, blicket mit zager Begier dir entgegen beklommen;

Laß die umzingelnden, plauderhaft klingelnden, liebesverrät'rischen Spangen,
 Freundin, o husche zum dämmrigen Busche, von nächtlichen Schleiern umfangen!
 Unter dem Duftstrauch an Yamunâ's Lufthauch harret der Hainbekränzte.

Dort die geschmeidete, safranbekleidete Brust, wie die kranichumschweifte
 Wolke, dem Blitze gleich wählst du zum Sitze, die heiß im Verlangen Gereifte.
 Unter dem Duftstrauch an Yamunâ's Lufthauch harret der Hainbekränzte.

Schlag die gelösete, schmuckesentblößete Lende gleich einem Gewande
 Um den auf Sprossen gewiegten Genossen, o Blüh'nde zu wonnigem Pfande!
 Unter dem Duftstrauch an Yamunâ's Lufthauch harret der Hainbekränzte.

Mâdhava's Sinn ist stolz, im Beginn ist die Nacht, bald ist sie vergangen,
 Tu, was ich heiße, mit eilendem Fleiße, befriedige Hari's Verlangen!
 Unter dem Duftstrauch an Yamunâ's Lufthauch harret der Hainbekränzte.

Zugleich mit deiner Sprödigkeit hinunter ganz gegangen ist die Sonne,
 Und mit Govinda's Sehnsucht hat die volle Dichtigkeit erlangt das Dunkel;
 Dem Cakravâka-Rufe gleich tönt kläglich meine lange Liebesmahnung;
 Leichtsinnige, was zauderst du? die rechte Zeit ist da zum Nachtbesuche!

Unter Armverschränkung, unter Küssen, unter Nägel-
kampf,
    Unter Wonnerweckung, unter Liebeshast und Lust-
beginn,
    Zwei Entzweite, wieder eins gewordene, traulich
Kosende,
    Welche Lust, o welche labt sie, schamgewürzt, nicht
in der Nacht!

Scheuer Furcht, die Augen rings im Dunkel werfend
auf den Pfad,
Oft an einem Baume stockend, langsam setzend Fuß
vor Fuß,
Endlich heimlich angelangt mit Gliedern wonnewo-
genden,
Schöne! mag der Freund dich sehen, und begehen seine
Lust!

VI

Doch sie, zu schwach zu gehen,
Voll Liebeswehen lag im Rankenhaus.
Die Freundin, um Govinden
Dies zu verkünden, kam zu ihm:

Überall schaut sie, wohin sie nur schauet,
Dich, dem die Lippe von Honige tauet,
    Hari, o Hort!
Râdhâ erliegt in der Laube dort.

Hebt, dir entgegenzugehn, sie die Glieder,
Sinkt sie nach wenigen Schritten danieder,
    Hari, o Hort!
Râdhâ erliegt in der Laube dort.

Blüten und Blätter zu Ketten verwebend,
Schwärmt sie, von deiner Erinnrung nur lebend,
    Hari, o Hort!
Râdhâ erliegt in der Laube dort.

Sich im gebärdenden Spiele betrachtend,
»Bin ich nicht Hari?« so rufet sie schmachtend,
Hari, o Hort!
Râdhâ erliegt in der Laube dort.

»Warum zum Ort der Bestimmung nicht eilt er?«
Fragt sie beständig: »O Freundin, wo weilt er?«
Hari, o Hort!
Râdhâ erliegt in der Laube dort.

Küssend umarmt sie der nächtlichen Schatten
Wolkengebild, das sie hält für den Gatten,
Hari, o Hort!
Râdhâ erliegt in der Laube dort.

Während du säumest, erliegt sie dem Drange.
Jammert und harret bereit zum Empfange,
Hari, o Hort!
Râdhâ erliegt in der Laube dort.

Bis zum Ohrläppchen schaudernd, seufzerschwellend,
Mit stockender, erstickter Stimme stammelnd,
Auf dich, Treuloser, richtend tiefe Sehnsucht,
Denkt, lustversenkt, nur dich, die Rehgeaugte.

Oft legt sie ihren Gliedern an den Putz, und rührt ein
Blatt sich,
So wähnt sie dich gekommen, breitet auf das Bett, und
sinnet.
Wiewohl sie so mit Wohnungsschmuck, mit Wonne-
wahn
und Argwohn Sich unterhält, doch ohne dich durchle-
bet sie die Nacht
nicht.

VII

Der, dem zur Last fällt Fall und Fehltritt vieler
Nachtwandlerinnen (davon trägt er Flecken),

Jetzt um Vrindâvan's Wald ein Strahlnetz wob er,
Der Mond, am Mund der Nacht ein Sandeltropfen.

Da hin die Lichtscheib' eilte,
Und ferne weilte Mâdhava von ihr,
Hub an mit lautem Klagen
Ihr Leid zu sagen Râdhâ so:

Ach! Der Freund läßt zur Frist mich im Hain unbe-
sucht!
Welken muß meines Leibes Jugendblüt' ohne Frucht.
Ha, an wen wend' ich mich? auch der Herzfreundin
Wort
ist Betrug.

Dem ich nachgehe nachts tief in Waldwüstenein,
Madana's Pfeile bohrt er ins Herz mir, o Pein!
Ha, an wen wend' ich mich? auch der Herzfreundin
Wort
ist Betrug.

Sterben! was bleibt mir sonst? Soll ich mit krankem
Leib,
Sinnberaubt, diese Glut tragen, glückloses Weib?
Ha, an wen wend' ich mich? auch der Herzfreundin
Wort
ist Betrug.

Ach, wie bringt Kummer mir diese lenzlaue Nacht!
Welche glücksel'ge hat sie in Lust dort durchwacht?
Ha, an wen wend' ich mich? auch der Herzfreundin
Wort
ist Betrug.

Meines Leibs Edelsteinspangenschmuck, keine Lust,
Keinen Trost bringt er mir unter'm Brand meiner Brust,
Ha, an wen wend' ich mich? auch der Herzfreundin
Wort
ist Betrug.

Selbst der Strauß, den ich drück' an dies Herz blumen-
weich,
Tötet mich, denn er sieht jenes Gotts Pfeilen gleich,
Ha, an wen wend' ich mich? auch der Herzfreundin
Wort
ist Betrug.

Hier am Fluß seh' ich Schilfrohre stehn ohne Zahl,
Doch es denkt Mâdhava mein nicht ein einzigmal.
Ha, an wen wend' ich mich? auch der Herzfreundin
Wort
ist Betrug.

Was ist es? geht er Schönen nach? hält ihn umringt der
Reigen
Von frohen Tanzgenossen? ging er irr im dunklen Hai-
ne?
Vermag der Liebe, Lässige nicht einen Schritt zu schrei-
ten,
Daß den bestimmten Ort der Rankenhütt' er nicht be-
sucht hat?

Da sie nun ohne Mâdhava die Freundin
Sah wiederkommen schweigend und verlegen,
Argwohnte sie, den Weltersehnten habe
Verlockt ein Weib, und sprach, als ob sie's sähe:

Rüstig geschürzet zu Madana's Kriegen,
Blumenverstreuender Haare, die fliegen,
      Liebend mit Hari vereint,
Scherzt eine, die mir selig scheint.

Trunken von Hari's Umarmung durchzittert,
Während der Schmuck auf dem Busen ihr schüttert,
      Liebend mit Hari vereint,
Scherzt eine, die mir selig scheint.

Mond des Gesichtes von Locken umflogen,
Saugend an Lippen und müde gesogen,

Liebend mit Hari vereint,
Scherzt eine, die mir selig scheint.

Ohrengehäng' um die Wangen bewegend,
Rasch mit der klingelnden Hüfte sich regend,
Liebend mit Hari vereint,
Scherzt eine, die mir selig scheint.

Lächelnd am Blicke des Liebsten errötend,
Liebesentzückungen wonniglich flötend,
Liebend mit Hari vereint,
Scherzt eine, die mir selig scheint.

Schauerdurchrieselt, empfindungdurchzittert,
Stöhnend und blinzend, von Kâma umwittert,
Liebend mit Hari vereint,
Scherzt eine, die mir selig scheint.

Der wie Hari's sehnsuchtsbleiches Antlitz
Lächelt, um den Kummer zu zerstreun,
Ach, der Mond, er breitet übers Herz voll
Herzenliebe mir nur Liebespein.

Aufs liebesentzündete, kußlichgemündete Antlitz der
Liebsten malt
Er mit Schauderbeschleichen aus Muskus ein Zeichen,
als Reh, das im Monde strahlt.
    O wie spielt an Yamunâ's waldigem Strand
    Madhusûdana jetzo, der Held!

In das Wolkengeflocke der glänzenden Locke, die weht
um der Wangen Zier,
Flicht er Kurava-Spitzen, die flattern gleich Blitzen, in
Madana's Jagdrevier.
    O wie spielt an Yamunâ's waldigem Strand
    Madhusûdana jetzo, der Held!

Des Busens gelüftete muskusdurchdüftete wölbende
Himmelsflur,

Er besternt sie mit reinen Gehängen von Steinen, ihr
Mond ist die Nagelspur.
   O wie spielt an Yamunâ's waldigem Strand
   Madhusûdana jetzo, der Held!

Den Arm ohne Mängel, den Lilienstengel, den Lilien-
hand bezweigt,
Umspangt er mit Bienen, mit feur'gen Rubinen, den
Arm, der dem Schnee'e gleicht.
   O wie spielt an Yamunâ's waldigem Strand
   Madhusûdana jetzo, der Held!

Um's Wonnegelände der schwellenden Lende, den
Madana-Thron von Gold,
Ist der festliche Bogen des Sieges gezogen, der Gürtel
juwelenhold.
   O wie spielt an Yamunâ's waldigem Strand
   Madhusûdana jetzo, der Held!

Die Kamala-Schüsse, die weichlichen Füße, mit Nagel-
juwel geschmückt,
Belegt er zum Schutze mit Yâvaka-Putze, indem er ans
Herz sie drückt.
   O wie spielt an Yamunâ's waldigem Strand
   Madhusûdana jetzo, der Held!

Da also der Sieger, der Bruder vom Pflüger, ein reizen-
des Weib umkos't,
Was weil ich, zum Raube dem Gram, in der Laube,
Freundin, hier ohne Trost?
   O wie spielt an Yamunâ's waldigem Strand
   Madhusûdana jetzo, der Held!

Was, Freundin, wenn der Grausame nicht kam, o Botin,
grämst du dich?
Ergötzt der Vielgeliebte sieh nach Lust, was ist es deine
Schuld?
Sieh, zur Vereinung mit dem Freund, gezogen von des
Liebsten Zier,

In Sehnsuchtswehn ergossen, soll nun diese Seele selber gehn.

Unter dem lächelnden Blick des Genossen
Schmachtet sie nicht auf dem Lager von Sprossen,
Sie, o Freundin, mit der Vanamâlin spielt.

Unter dem Hauche vom blühenden Munde
Fühlet sie nicht von Ananga die Wunde,
Sie, o Freundin, mit der Vanamâlin spielt.

Unter'm ambrosischen Kosen gelinde
Trinket sie Glut nicht im Malaya-Winde,
Sie, o Freundin, mit der Vanamâlin spielt.

Unter den glänzenden Lilienhänden
Dürfen sie Strahlen des Mondes nicht blenden,
Sie, o Freundin, mit der Vanamâlin spielt.

Unter der tauenden Wolke der Wonnen
Ist sie dem Jammer der Trennung entronnen,
Sie, o Freundin, mit der Vanamâlin spielt.

Unter dem Glanze des Schmucks des Getreuen
Braucht sie kein Mägdegelächter zu scheuen,
Sie, o Freundin, mit der Vanamâlin spielt.

Unter dem Schirme des Schönsten von allen
Trifft sie kein Weh, denn sie hat ihm gefallen.
Sie, o Freundin, mit der Vanamâlin spielt.

Kâma's Wonn' erregender, o Sandelwind,
Schenk' mir Huld und wehe recht! o sei nicht links!
Schöpfungsodem! bring mir einen Augenblick
Hari her, und nimm den Odem mir dafür!

Malaya-Duft, gib mir den Tod! Fünfpfeiliger
Nimm meinen Hauch hin! nicht nach Hause geh' ich mehr.

Was, Yama's Schwester schonest du? In deine Flut
Tauch meine Glieder, lösche dieses Leibes Brand!

VIII

Doch nach endlich hingebrachter Nacht,
Morgens, noch von Smara's Pfeile wund,
Sprach zu dem, vor ihr zwar auf den Knien
Gnade Fleh'nden, sie doch voll Verdruß:

Dein von beschwerlicher nächtlicher Wache gerötetes
Auge, das träge
Blinzende, trägt es nicht gleichsam zur Schau des er-
wünschten Genusses Gepräge?
Harihari! geh nur, Mâdhava! geh nur Keshava! rede
nicht trügliche Worte!
Lotosgeaugter! suche nur die, die dir dienet im Kum-
mer zum Horte!

Die von geküssetem dunkelgeschminketem Auge ge-
liehenen Schwärzen
Färben die rötlichen Lippen, o Krishna, dir ganz über-
ein mit dem Herzen.
Harihari! geh nur, Mâdhava! geh nur, Keshava! rede
nicht trügliche Worte!
Lotosgeaugter! suche nur die, die dir dienet im Kum-
mer zum Horte!

Zeiget dein Leib doch die Spuren geschärfeter Nägel
kandarpischen Krieges
Wie die smaragdene Tafel in goldenen Zügen das
Denkmal des Sieges.
Harihari! geh nur, Mâdhava! geh nur, Keshava! rede
nicht trügliche Worte!
Lotosgeaugter! suche nur die, die dir dienet im Kum-
mer zum Horte!

Glänzt nicht dein edler Busen vom Lacke, dem Lotos
des Fußes entflossen,

Wie um von außen zu weisen vom Baume der Liebe die
neuesten Sprossen?
Harihari! geh nur, Mâdhava! geh nur, Keshava! rede
nicht trügliche Worte!
Lotosgeaugter! suche nur die, die dir dienet im Kum-
mer zum Horte!

Spuren verwundeter Zähn' auf den Lippen erregen mir
Gram im Gemüte
Fragen mich, ob unversehrt ich bei mir nun den Leib
des Geliebten wohl hüte?
Harihari! geh nur Mâdhava! geh nur, Keshava! rede
nicht trügliche Worte!
Lotosgeaugter! suche nur die, die dir dienet im Kum-
mer zum Horte![1]

Deine befleckte Gesinnung, o Krishna, ist gleichsam
von außen zu sehen;
Sprich, was betörst ein ergebenes Weib du, das ringet
in Madana's Wehen?[2]
    Harihari! geh nur, Mâdhava! geh nur, Keshava! rede
nicht trügliche Worte!
    Lotosgeaugter! suche nur die, die dir dienet im
Kummer zum Horte!

Edler, du schweifest, um Weiber zu fahen, in Wäldern,
was ist da zu staunen?
Pûtanikâ schon bezeugt dir die kindischen frauenver-
derblichen Launen.
    Harihari! geh nur, Mâdhava! geh nur, Keshava! rede

---

[1] Meine ältere deutsche Übersetzung, wörtlicher als die jetzige, lautete so:

Spuren des Zahns auf den Lippen erzeugen mit Kummer im Geist ungeheilt,
Fragen, ob dieser dein Leib wohl auch jetzt vereint sei mit mir ungeteilt?
Spuren des Zahns auf den Lippen erzeugen mir Kummer im Geist ungeheilt,
Fragen, ob dieser dein Leib wohl auch jetzo vereint sei mit mir ungeteilt?

[2] Meine erste Übersetzung lautete:
Selber von außen befleckt, o Krishna, mag wohl dein Gemüt mir erscheinen.
Wie denn betrügst du ein Weib, ein ergebnes, gepeint von anangischen Peinen?

nicht trügliche Worte!
    Lotosgeaugter! suche nur die, die dir dienet im
Kummer zum Horte!

IX

Aber zu der Liebesgekränkten,
Kummerversenkten, Verlangenvollen,
Über Hari's Vergehen Grollenden,
Mit ihm Schmollenden, sprach die Magd:

Hari auf Flügeln der Lenzluft besucht dich;
Locket auf Erden wohl süßere Frucht dich?
    Gegen Mâdhava tu
    Nicht spröd', o Spröde du!

Deine die Dattel beschämende Brust hier,
Sprich, was entziehest du selber die Lust ihr?
    Gegen Mâdhava tu
    Nicht spröd', o Spröde du!

Sagt' ich's so oft dir in jeglicher Art nicht?
Gegen den herrlichen Hari sei hart nicht!
    Gegen Mâdhava tu
    Nicht spröd', o Spröde du!

Warum o zagest du, klagest du, weinst du?
Alle Gefährtinnen lachen, was meinst du?
    Gegen Mâdhava tu
    Nicht spröd', o Spröde du!

Sieh, auf dem Lager von Blüt' und von Blatt da
Lagert er, mache die Augen dir satt da!
    Gegen Mâdhava tu
    Nicht spröd', o Spröde du!

Treibe vom Herzen des Kummers Berennung!
Höre mein Wort, das nicht rät zu der Trennung:

Gegen Mâdhava tu
Nicht spröd', o Spröde du!

Hari soll kommen und kosen genußreich;
Freundin, was machst du das Herz dir verdrußreich?
Gegen Mâdhava tu
Nicht spröd', o Spröde du!

Wenn du hart dem Weichen, wenn du starr bist dem
sich Schmiegenden,
Abgeneigt dem Zugeneigten, feindlich einem solchen
Freund;
Billig wird dann, o Verkehrte, Sandelsalbe dir zu
Gift,
Mondstrahl Sonnenbrand, Schnee Feuer, Minnelust-
spiel Todeskampf.

X

Als inzwischen lind ihr Zorn geworden war,
Und des langen Seufzens müd' ihr schöner Mund,
Trat zu ihr, die schamvoll auf die Mägde sah,
Abends Hari, sprach mit holdem Stammeln so:

Wenn du nur ein Wörtchen sprichst, wird des Zahnes
Lilienglanz dieses Bangens Nacht mir entfloren;
Deines Angesichtes Mond mit dem Lippennektarstrom
labt der Augen durst'ge Cakoren.
Freundin! anmutreiche! laß den Stolz, den grundlosen,
sinken!
Von Kandarpa's Feuer ging meine Seel' in Flammen
auf; gib des Mundes Met mir zu trinken!

Schöngezahnte, wenn du bist wirklich gegen mich er-
zürnt, gib vom Pfeil des Nagels die Wunde!
In Armfesseln schlage mich, scharfen Bisses nage mich,
oder was dir lieb ist zur Stunde!
Freundin! anmutreiche! lasse den Stolz, den grundlosen
sinken!

Von Kandarpa's Feuer ging meine Seel' in Flammen
auf; gib des Mundes Met mir zu trinken!

Du allein bist meine Zier, du allein mein Leben hier,
mein Juwel in irdischen Schachten;
Herrin, daß du gegen mich immer freundlich seiest, das
ist des Herzens eifrigstes Trachten.
Freundin! anmutreiche! laß den Stolz, den grundlosen,
sinken!
Von Kandarpa's Feuer ging meine Seel' in Flammen
auf; gib des Mundes Met mir zu trinken!

Dein sonst lotosblaues Aug', Holde, trägt erzürnt den
Schein rötlicher Nymphä' im Gewässer;
Wenn du durch des Liebepfeils Regung es wie meinen
Leib dunkeln ließest, ständ' es ihm besser.
Freundin! anmutreiche! laß den Stolz, den grundlosen,
sinken!
Von Kandarpa's Feuer ging meine Seel' in Flammen
auf; gib des Mundes Met mir zu trinken!

Laß dein Edelsteingerank auf der Brüste Schalen
sprühn, daß er färbe des Herzens Bleichen!
Laß des Gürtels Glockenspiel tönen um der Lende
Wall, daß zur Lust es gebe das Zeichen!
Freundin! anmutreiche! laß den Stolz, den grundlosen,
sinken!
Von Kandarpa's Feuer ging meine Seel' in Flammen
auf; gib des Mundes Met mir zu trinken!

Dein nymphäentötendes, meinen Busen rötendes, sieg-
reich auf dem Lustkampfplatze
Schimmernd steh'ndes Sohlenpaar, sprich, soll ich's be-
legen zart mit des Lacks saftglänzendem Schatze?
Freundin! anmutreiche! laß den Stolz, den grundlosen,
sinken!
Von Kandarpa's Feuer ging meine Seel' in Flammen
auf; gib des Mundes Met mir zu trinken!

Gib, die Kâmas Gift versöhnt, gib, die meinen Scheitel
krönt, mir des Fußzweigs blühende Spitze!
Furchtbar ist in meinem Blut Madana's Verzehrungs-
glut; laß den Fußtritt dämpfen die Hitze!
Freundin! anmutreiche! laß den Stolz, den grundlosen,
sinken!
Von Kandarpa's Feuer ging meine Seel' in Flammen
auf; gib des Mundes Met mir zu trinken!

Laß, Zweifelnde, den Wahn, den Haß! In deinem Schoß
und Busen
    Ruht, Reizende, mein Wunsch und tut für andres nie
sich auf.
    Eingeht ins Herz allein die Pein mir des leiblosen
Gottes;
    Gib, Holde, gib sein Recht dem Trieb, umarmend gib
dich hin.

Gib, Mädchen, mir des schonungslosen Zahnes Biß,
    Der Arme Ketten, enge Busenklemmung!
    Entbrannte! deine Lust laß aus! aus Wundenklaff
    Des Mördergotts entfliehn die Lebensgeister.

Mondangesicht, die Krümmung deiner Brauen
    Ist junger Herzen schwarze Todesschlange;
    Die von ihr drohende Gefahr zu wenden,
    Ist dein Mundnektar die Beschwörungsformel.

Nutzlos peinigt mich dein Schmollen, Schmächt'ge, ko-
se Köstliches!
    Blühende, mit holdanredenden Blicken scheuche
den Verdruß!
    Wohlgewandte, wend' einmal nicht mehr dein Ant-
litz ab! o tu
    Dir nicht selbst weh, Milde, Holde, dein Geliebter,
ich bin da!

Bandhûka's Glanz hat deine Lipp', und deine Wange
zart Madhûka's Schimmer,

O Huldin, blauen Lotosduft zu hauchen scheinen
deine dunkeln Augen;
    Die Nase strebt ein Tila-Sproß empor, o Kind mit
Zähnen von Jasminen!
    In deines Angesichtes Dienst besiegt die Welt der
Gott mit Blumenwaffen.

In deinem Blick die Trunkenheit, den Mondschein auf
der Stirne,
    Die Anmut selbst in deinem Gang, die Füll' im
Schenkelpaare,
    In deinem Arm die Liebeslust, die Zierd' in krauser
Locke,
    Wie manche Jugendgottheit bringst du mit dir her
zur Erde!

XI

Nachdem er lang geliebkost der Rehaugigen,
    Ging vollgeschmückt zum laub'gen Lager Keshava;
    Da sprach, als augenlabend an der Abend glomm,
    Zur fröhlich aufgeputzten Râdhâ so die Magd:

Der da mit schönen versöhnenden Tönen die Füße dir
flehend umfangen,
Nun in der luftigen Laube zum lockenden Lager der
Lust ist gegangen,
    Mädchen! dem Madhu-Bemeistrer,
    Dem genaheten, nahe dich, Râdhikâ!

Walle mit wallendem Busen, mit wogender Lendenbe-
wegung die Bahnen,
Schüchtern im Klange des schütternden Schmuckes,
und zeige den Gang der Fasanen,
    Mädchen! dem Madhu-Bemeistrer,
    Dem genaheten, nahe dich, Râdhikâ!

Hörst du des Madhu-Befehders die frauenbezaubernde
Stimme, die süße?

Unter dem Kokila-Chore, dem Liebe besingenden, suche Genüsse,
Mädchen! dem Madhu-Bemeistrer,
Dem genaheten, nahe dich, Râdhikâ!

Winkend im Winde, mit blättergefingerten Händen, die Winden der Bäume
Mahnen dich lange zur Eile des Gangs, Saumselige, länger nicht säume,
Mädchen! dem Madhu-Bemeistrer,
Dem genaheten, nahe dich, Râdhikâ!

Diese vom Drang des Ananga Bewegte, nach Haris Umarmungen Lust nur
Zeigende, frage du diese von hellen Juwelen betauete Brust nur,
Mädchen! dem Madhu-Bemeistrer,
Dem genaheten, nahe dich, Râdhikâ!

Von der Gefährtinnen Reihen umrungen, zum ringenden Kampfe gerüstet,
Rasende! rühre die Trommel, und fahre die Nachtfahrt, scheulos gebrüstet!
Mädchen! dem Madhu-Bemeistrer,
Dem genaheten, nahe dich, Râdhikâ!

Stütze die Hand mit dem Manmatha-Pfeile, dem Nagel, auf deine Vertraute,
Wecke den lauschenden Freund mit der Spangen im Anschritt dröhnendem Laute,
Mädchen! dem Madhu-Bemeistrer,
Dem genaheten, nahe dich, Râdhikâ!

»Schauen wird sie mich, wird kommen, bringen süßen Liebesgruß,
Mit Umfang sich letzen, lustvereinigt!« so gedankenvoll
Blickt er, Freundin, dort nach dir aus, zittert, schaudert, jauchzt, zerfließt,

Springt empor und sinkt zurück, im dunkeln Laub-
gewölb, dein Freund.

Schwarze Schmink' aufs Auge tuend, hinters Ohr
Tâpiccha-Laub,
    Auf die Locke dunklen Lotos, auf die Brust ein Mus-
kusmal,
    Lauscht, gehüllt in dichte Schleier, jetzt das Nacht-
graun im Gebüsch,
    Und umfängt, o Freundin, eil'ger Nachtbesucherin-
nen Leib.

Von kashmirweißgeleibter Wandlerinnen
    Juwelenglänzen überall bestreifet,
    Dient dies tamâlenblätterschwarze Dunkel
    Der Nacht zum Probstein ihres Liebesgoldes.

Am Eingang des vom Glanz des Halsgeschmeides,
    Des goldnen Gürtels und der Kettenspangen
    Durchstrahlten Laubdachs stand beschämt und
schaute
    Den Hari Râdhâ, da begann die Freundin:

Hier in des Laubrankengeflechts Freudengemache,
    Râdhâ! tritt ein in Mâdhava's Nähe,
    Spiele du hier, Wonnebegierblickende, lache!

Wo sich ein frisch grünes Gebüsch wölbet zum Bette,
    Râdhâ! tritt ein in Mâdhava's Nähe,
    Spiele du hier, laß auf der Brust klingen die Kette!

Wo den Palast blühender Ast baut, der betaute,
    Râdhâ! tritt ein in Mâdhava's Nähe,
    Spiele du hier, Zierliche, Zartblumengebaute!

Wo von der Duftmalayaluft kühl sind die Hallen,
    Râdhâ! tritt ein in Mâdhava's Nähe,
    Spiele du hier, laß den Gesang lockend erschallen!

Unter des Laubdaches gewindwebendem Hange,
  Râdhâ! tritt ein in Mâdhava's Nähe,
  Spiele du hier, ruhe vom anstrengenden Gange!

Wo ihr Gesumm übet die Imm' honigbetrunken,
  Râdhâ! tritt ein in Mâdhava's Nähe,
  Spiele du hier, süß in Begier wonnig versunken!

Wo dich der Lenzkokila laut ladet zum Sitze,
  Râdhâ! tritt ein in Mâdhava's Nähe,
  Spiele du hier, zeige des Zahns glänzende Spitze!

Mit verlangendem Lustbangen, auf Govinda gewandt
den Blick,
  Hold mit hellem Geschmeid läutend, ging sie ein in
das Haingemach.

Ihn, der, von Râdhâs Antlitz bestrahlet, entfaltete viel-
fache Regung,
  Wie bei des Monds Aufgange des wallenden Welt-
meers Wellenbewegung,
    Hari, den einzigholden, der lang' ersehnt die Ver-
einung,
  Sah sie nun, ihn mit den lustaussprechenden Mie-
nen, Ananga's Erscheinung.

Dem ein gesterntes Geschmeide sich schmiegt, um den
Busen in weiter Umfließung,
  Gleich der mit glänzenden Schäumen sich kränzen-
den Yamunâ-Flutenergießung,
    Hari, den einzigholden, der lang' ersehnt die Ver-
einung,
  Sah sie nun, ihn mit den lustaussprechenden Mie-
nen, Ananga's Erscheinung.

Dem um den bräunlichen lieblichen Leib sich gebreitet
die gelbliche Hülle,
  Wie um die blaue Nymphäe des stäubenden Duftes
vergoldende Fülle,

Hari, den einzigholden, der lang' ersehnt die Vereinung,
Sah sie nun, ihn mit den lustaussprechenden Mienen, Ananga's Erscheinung.

Dem auf dem liebesgeröteten Antlitz die flatternden Wimpern sich wiegen,
Wie Bachstelzen im herbstlichen Weiher um blühende Lotosse fliegen,
Hari, den einzigholden, der lang' ersehnt die Vereinung,
Sah sie nun, ihn mit den lustaussprechenden Mienen, Ananga's Erscheinung.

Welchem die Wangennymphäe zu küssen, die Ohrringsonnen sich drehen,
Welchem mit lächelndem Glanz aufblühen die Lippen, um Liebe zu flehen,
Hari, den einzigholden, der lang' ersehnt die Vereinung,
Sah sie nun, ihn mit den lustaussprechenden Mienen, Ananga's Erscheinung.

Dessen beblumete Locken der Wolke, der mondlich beschimmerten, gleichen,
Dem wie ein Mond aus der Nacht sich erhebt an der Stirne von Sandel das Zeichen,
Hari, den einzigholden, der lang' ersehnt die Vereinung,
Sah sie nun, ihn mit den lustaussprechenden Mienen, Ananga's Erscheinung.

Mächtig vom Schauer der Wonne geschüttert, vom Pulse der Liebe durchzittert,
Rings von dem Strahlengewebe juwelenen Schmuckes die Glieder umflittert,
Hari, den einzigholden, der lang' ersehnt die Vereinung,

Sah sie nun, ihn mit den lustaussprechenden Mie-
nen, Ananga's Erscheinung.

Aus dem Auge, das den Winkel überschreitend, nach
des Ohrs
    Grenzgebiet hinstrebend, niedersinken ließ den
schwanken Stern,
    Stürzte jetzt der Râdhâ, da ihr des Geliebten Anblick
ward,
    Plötzlich wie ein Schweißerguß hervor ein Freuden-
tränenstrom.

Sie stand am Rand des Lagers,
    Als, unterm Schein, die Wange sich zu jücken,
    Das Lachen sich verhaltend,
    Der aufmerksamen Mägde Schar hinausging;
    Und als sie sah das Antlitz
    Des Liebsten, das von Smara's Pfeil entglommne,
    Die Schämige, da ging nun
    Hinweg die Scham auch von der Rehgeaugten.

XII

Nach der Dienerinnen Weggang, als, von minder Scheu
bedrängt,
Von Gefühlsiegs Ausdruck schwellend, lächeltaube-
netzten Munds,
Râdhâ, die Verlangenvolle, dastand, und am laub'gen
Bett
Ihre Augen niederschlug, sprach zur Geliebten Hari so:

Liebende! setz' auf das Lager von Laube den Fuß, der
den Lotos besieget,
Mach' es zum glänzenden Zeugen, wie leicht ihm sein
blühender Gegner erlieget!
Im Augenblick dem Nârâyana, dem genaheten, nah' o
Râdhikâ!

Soll in die Hand ich nicht fassen den Fuß dir? so weit
her bist du gegangen;
Laß auf dem Bett wie mich selber nur ruhen die mutig
begleitenden Spangen!
Im Augenblick dem Nârâyana, dem genaheten, nah' o
Râdhikâ!

Träufle vom Nektarbehälter des Mundes ambrosische
Worte zur Feier!
Sieh, wie die Trennung entheb' ich dem Busen den
brüstebedrängenden Schleier.
Im Augenblick dem Nârâyana, dem genaheten, nah' o
Râdhikâ!

Den nach des Freundes Umfangen verlangenden, ban-
genden, einzig erkornen
Busen laß wallen am Busen mir, stille die Glut des Ge-
mütegebornen!
   Im Augenblick dem Nârâyana, dem genaheten, nah'
o Râdhikâ!

Reizende! reiche den Nektar der Lippe, belebe den
Sklaven, den toten,
Den in dir lebenden, welchem die Gluten der Trennung
zu atmen verboten.
   Im Augenblick dem Nârâyana, dem genaheten, nah'
o Râdhikâ!

Klingle mit Gürteljuwelen ins Klingen der Kehle, du
Mond von Gesichte!
Meine zu lange von Kokila's Gellen ermüdeten Ohren
beschwichte!
   Im Augenblick dem Nârâyana, dem genaheten, nah'
o Râdhikâ!

Jetzo den Freund, den von deinem so nutzlosen Grolle
Gequälten, zu sehen,
Blinzet dein Auge vor Scham; o laß es, und löse der
Liebe die Wehen!

Im Augenblick dem Nârâyana, dem genaheten, nah'
o Râdhikâ!

Wo dem engeren Umfahn von Schauern,
  Und dem Minneblickspiel von des Augs
  Blinzelung, dem Lippennektartrinken
  Von dem scherzenden Liebkosungswort,
  Selbst dem Liebeskampfe vom Entzücken
  Immer eine Schranke ward gesetzt:
Unter solchen Hemmungen ergehend,
Ward ihr Lustaustausch genußreich erst.

Von Nageldruck blaßrote Brust, von Schlummerlosig-
keit getrübte Augen,
Der Lippen Purpur weggehaucht, des Hauptes Wald
wirr mit zerstörten Kränzen,
Der Gürtel klaffend, schlapp das Kleid: ein solches
Morgenbild war sie den Augen;
O Wunder, wie des Gatten Herz von diesen Kâma-
Pfeilen ward durchbohret!

Zum Liebebegnügten nach Wonnegenuß,
Sie mit gelösten Gliedern,
Râdhâ mit ehrerbietiger Scheu
Sprach also zu Govinda:

Yadu-Beglücker! mit sandelerkühlender Hand an die
strahlende Busenschal',
An die mit Madana's Opfergefäße sich messende, male
das Muskusmal!
  Sie gebot dem Yadu-Geborenen,
  Dem spielenden Herzenserkorenen.

Laß hier, o Liebster, am Liebesgeschosse versendenden
blendenden Augenpaar
Nun die vom Kusse der Lippen zerstobenen blinken-
den Schminken enttauchen klar!
  Sie gebot dem Yadu-Geborenen,
  Dem spielenden Herzenserkorenen.

Holder Gesell! an die Augengazellenbewegung – um-
hegenden Ohren bring'
Hier den geschickt sich wie Madana's Fangstrick deh-
nenden sehnenden Ohrenring;
    Sie gebot dem Yadu-Geborenen,
    Dem spielenden Herzenserkorenen.

Fang ins Geflechte die flatternden, lange wie Bienen in
schwärmenden Flocken mein
Lilienlicht des Gesichtes umhangenden, fange die lo-
ckeren Locken ein!
    Sie gebot dem Yadu-Geborenen,
    Dem spielenden Herzenserkorenen.

Male mir, Munterer, am Monde der Stirne das Zeichen
aus Muskus gemischt mit Fleiß,
Daß an dem Monde die Flecken nicht fehlen, nachdem
du ihm ab hast gewischt den Schweiß.
    Sie gebot dem Yadu-Geborenen,
    Dem spielenden Herzenserkorenen.

Flicht nur und sträube dich nicht, hier ins wallende
Panner Ananga's die Blumenschleif',
Hier in das wirre Geflirre des Schopfes, der spielt wie
ein spiegelnder Pfauenschweif.
    Sie gebot dem Yadu-Geborenen,
    Dem spielenden Herzenserkorenen.

Den Schmuck der Brüste rüste zu, laß Farb' auf Wangen
prangen!
    Lind um die Lende leg den Gurt, den Kranz am
Haarnetz kräusle!
    Schling um die Hand die Spangenschlang', am Fuße
fest die Fessel! –
    So angewiesen, jedes tat gewandt der Gelbge-
wand'ge.

Über tredition

Eigenes Buch veröffentlichen

tredition wurde 2006 in Hamburg gegründet und hat seither mehrere tausend Buchtitel veröffentlicht. Autoren veröffentlichen in wenigen leichten Schritten gedruckte Bücher, e-Books und audio-Books. tredition hat das Ziel, die beste und fairste Veröffentlichungsmöglichkeit für Autoren zu bieten.

tredition wurde mit der Erkenntnis gegründet, dass nur etwa jedes 200. bei Verlagen eingereichte Manuskript veröffentlicht wird. Dabei hat jedes Buch seinen Markt, also seine Leser. tredition sorgt dafür, dass für jedes Buch die Leserschaft auch erreicht wird.

Im einzigartigen Literatur-Netzwerk von tredition bieten zahlreiche Literatur-Partner (das sind Lektoren, Übersetzer, Hörbuchsprecher und Illustratoren) ihre Dienstleistung an, um Manuskripte zu verbessern oder die Vielfalt zu erhöhen. Autoren vereinbaren direkt mit den Literatur-Partnern die Konditionen ihrer Zusammenarbeit und partizipieren gemeinsam am Erfolg des Buches.

Das gesamte Verlagsprogramm von tredition ist bei allen stationären Buchhandlungen und Online-Buchhändlern wie z. B. Amazon erhältlich. e-Books stehen bei den führenden Online-Portalen (z. B. iBookstore von Apple oder Kindle von Amazon) zum Verkauf.

Einfach leicht ein Buch veröffentlichen: **www.tredition.de**

Eigene Buchreihe oder eigenen Verlag gründen

Seit 2009 bietet tredition sein Verlagskonzept auch als sogenanntes "White-Label" an. Das bedeutet, dass andere Unternehmen, Institutionen und Personen risikofrei und unkompliziert selbst zum Herausgeber von Büchern und Buchreihen unter eigener Marke werden können. tredition übernimmt dabei das komplette Herstellungs- und Distributionsrisiko.

Zahlreiche Zeitschriften-, Zeitungs- und Buchverlage, Universitäten, Forschungseinrichtungen u.v.m. nutzen diese Dienstleistung von tredition, um unter eigener Marke ohne Risiko Bücher zu verlegen.

Alle Informationen im Internet: **www.tredition.de/fuer-verlage**

tredition wurde mit mehreren Innovationspreisen ausgezeichnet, u. a. mit dem Webfuture Award und dem Innovationspreis der Buch Digitale.

tredition ist Mitglied im Börsenverein des Deutschen Buchhandels.

Dieses Werk elektronisch lesen

Dieses Werk ist Teil der Gutenberg-DE Edition DVD. Diese enthält das komplette Archiv des Projekt Gutenberg-DE. Die DVD ist im Internet erhältlich auf **http://gutenbergshop.abc.de**

Zeitfracht Medien GmbH
Ferdinand-Jühlke-Straße 7
99095 Erfurt, Deutschland
produktsicherheit@kolibri360.de